拆论文：
从精读中领悟学术写作

董晨宇 许莹琪 丁依然 / 著

重庆大学出版社

图书在版编目(CIP)数据

拆论文:从精读中领悟学术写作 / 董晨宇,许莹琪,丁依然著. -- 重庆:重庆大学出版社,2024.6(2024.9 重印).(万卷方法). -- ISBN 978-7-5689-4554-7

Ⅰ. H152.3

中国国家版本馆 CIP 数据核字第 2024KL2238 号

拆论文:从精读中领悟学术写作

董晨宇 许莹琪 丁依然 著
策划编辑:林佳木
责任编辑:林佳木 版式设计:林佳木
责任校对:谢 芳 责任印制:张 策
*
重庆大学出版社出版发行
出版人:陈晓阳
社址:重庆市沙坪坝区大学城西路 21 号
邮编:401331
电话:(023)88617190 88617185(中小学)
传真:(023)88617186 88617166
网址:http: // www. cqup. com. cn
邮箱:fxk@ cqup. com. cn(营销中心)
全国新华书店经销
重庆升光电力印务有限公司印刷
*
开本:890mm×1240mm 1/32 印张:7.5 字数:176 千
2024 年 6 月第 1 版 2024 年 9 月第 2 次印刷
ISBN 978-7-5689-4554-7 定价:48.00 元

写在前面的话

　　我最初学习写论文，基本是靠着跟老师做事：老师布置一个话题，我就生龙活虎地凑字数，提交之后，再被老师大刀阔斧地修改。日复一日，主要修炼自己的能力，顺带修炼自己的脸皮。我当然想绕开这些责骂，表现得出色一些，甚至还想赢得一些赞许，于是便开始悄悄收集一些我眼中优秀的论文，在宿舍楼下的打印店里全部打印出来、装订成册，一个字一个字地拆解作者的思路，再照猫画虎地"用"进我自己的论述中。回顾我自己的学习经历，最初几篇或许都算不上"研究"的习作，大致就是这么完成的。

　　这当然算不上多么高深莫测的技巧，甚至显得十分笨拙。别人可能不到半小时便可以读完一篇论文，一天算下来可以读个七八篇，但我一天却可能连一篇都"拆"不完。不过，今天回想起来，我非常感谢这段经历。它教给我的，恰恰是对于"读"的理解——读的方法不同、速度不同，收获自然不同。一味追求速度，到头来不过追了个枉然。我一直认为，如今，人们对于"数字"的追逐、崇拜已然构成了这个时代的加速底色。比如，总有人试图教给我们如何在一小时内读完更多字，但同样重要的事情或许正在被忽略：我们为何要这么匆忙地读完它们呢？读完它们了，我们又能去哪里呢？

　　在论文写作的学习中，对一篇篇论文的精读给我带来了莫大的帮助；在一句句拆解的过程中，一条条写作的窍门也浮出水面。当我成为一名研究者，与同行交流论文写作的心得时，我竟然发现很多人都在和我做同样的事情：一字一句地理解、一招一式地归纳，感觉有了些心得，就把自己扔进水里，游几趟泳、呛几口水，也就自然提高了几分功力。这本讲义希望和你分享的，便是我们总结的这些大大小小的招式。当然，招式难以穷尽，也一定多多少少带有个人色彩，所以更进一步讲，这本讲义还想和你分享我们"打捞"招式的方法。为你造一盏灯，也为你指一条路。

这份讲义可能与你曾经阅读过的同类书籍都不太一样。因此，在开讲之前，我觉得有两件事值得和你提前啰嗦一下。

首先，既然是讲义，我就希望使用更为口语化的文字和你"聊天"，而不是板起面孔、拿起教鞭、向你说教。我一直告诫自己，尽量避免罗列宏大的概念、规则，而是平实、自然地，把一个个招式和你"聊"出来。画虎之前先要照猫。既然是讲招式，就必须有示范。我们为每个招式都搭配了至少一篇研究论文的节选。算下来，这本讲义中的几十只"猫"，也就是我们为你精心挑选的拆解资料。（本书所有英文论文的节选部分，可以扫描目录末尾的二维码获取独立文件。）在讲义之外，如果有时间的话，我当然鼓励你去从头到尾"拆解"这些论文。除此之外，书的体量终究有限，作者再怎么唠叨，也终须与读者作别。我希望在你合上书之后，能用这本讲义中的技巧，去拆解更多你感兴趣的论文。

其次，我还要和你解释一下，这本讲义中的五讲是如何分配的。我一直觉得，经验研究（实证研究）论文的写作，特别像是组装一架机器。论文的结构大致稳定，几个固件是少不了的：标题、导言、文献综述、方法、研究发现、讨论等。不过需要提醒读者的是，组装的顺序与呈现的顺序其实并不一致。例如在一篇论文中，导言虽然要放在论文的最前面，但其实往往是最后才写的。同样道理，一架机器的外壳可能最容易被第一眼看到，但这并不意味着制造者首先要把外壳组装上。因此，在这本讲义中，我们并没有遵循论文的先后顺序，而是从谋划一篇论文的基本思路出发，在前四讲中，我分别解释了四件事：如何提一个还不错的问题，如何找到一个还不错的GAP，如何把理论和经验材料进行连接，如何撰写结论和组装全文。在最后一讲中，我想和你分享的是研究者的日课：如何选论文、读论文、做笔记。当然，作为读者的你，既可以从头到尾一页一页地理解论文的"组装"逻辑，也可以针对你困惑的问题，直接跳进去。

　　写作这份前言，是在2023年的最后一天，我坐在去往深圳的飞机上；修改这份前言，是在2024年的第一天，我坐飞机从深圳飞回北京。一来一回，又是一年，我因此有了一丝奇妙的穿越感。就在此时，我还想象着另一个时空中这本书的读者：他们会在怎样的场景、怀着怎样的目标，翻开这本讲义。他们会喜欢这本讲义吗？当然，在一本书交稿之后，作者也就完成了他的使命，接下来的审读和评判，都交由读者去掌握。在我的理想中，如果这本讲义可以大致带给读者三样东西，我便心满意足了：一是从读到写的勇气，二是字里行间的技巧，三是评判论文的审美。

　　当然，如果我们做得还不赖，没准还会带给读者第四样东西——在我的理想中，那应该是对研究的**热爱**。

董晨宇

2024年1月1日

目　录

论文节选
英汉对照

第一讲

提问题

让我们开始聊聊论文写作这件事。

事情是这样的：你需要写一篇论文，可能是为了顺利通过开题和答辩，最终获得一个学位。或者说，你希望试试运气，发表一篇印有你名字的研究论文。不过，你现在背靠在一张椅子上，冷气开得很足，你却感到内心燥热，因为你正在焦虑地苦苦思索：我该写点什么呢？

是的，一位研究者该如何决定写什么呢？我们首先面对的问题，是挑选一个可以说服自己付出几个月时间去耕耘的题目，顺便还要说服论文评审者，我们的付出是有价值的。这并不容易。

如果你正在完成自己的毕业论文，之前恐怕曾打听过学长学姐们的经历，这让你更加焦虑。他们会和你说，开题答辩如同一个"大型屠宰现场"。你要做的事情，就是老老实实端坐在那里，用五分钟陈述一下你想做什么，然后，接下来的十五分钟，老师们会轮番向你证明，你不配获得这个学位。

当然，也会有人暗暗觉得自己技高一筹，得意自己思考精妙，但最后的结果，可能也逃不过"翻车"。这点并不意外。我在读书的时候，也曾觉得自己的研究问题足以撼动传播学的研究历史。不过，在这些年的学习和研究工作中，我获得的最重要的知识之一，就是"大多数创新都是幻觉"。这也是学术研究的艰苦所在。

当然，还有一种可能——你曾经亲眼见过一项让你动容的研究。你会因为作者提问的脑洞而拍案叫绝。在阅读中，你切实感受到了作者的热情。他们绝非装模作样地去发现点什么，而是在通过研究，完成一种自我解惑。你的动容，也源于你切实感受到了这个问题的重量，它与你的某种对世界的体验产生了共鸣。

这非常重要。同时，这也就是为什么，在和学生讨论研究选题时，我一定会询问他们会对怎样的现象/事件怀有热情。当然，对于学生而言，这个问题并不容易回答。一位学生告诉我："自从想到要写论文这件事，我对整个世界都失去了兴趣。"

接下来，我希望做出一点努力，向你证明，事情本来并非如此。

● 把论文评审逼疯的四种"战术"

在我的教学生涯中，我见识过各种各样的论文选题，有优秀的，也有糟糕的。这里对于论文好与坏的评判，并非完全出于我自己的任性，其中有一些内在稳定的标准，或者我可以说，存在一些被广泛共享的学术品味。

那么，该怎样向学生来解释这种标准或品味呢？为此，我尝试过很多不同的方法，其中最有效的一种，是拉上他们一起吐槽一些曾经把我逼疯的选题。然后，我们再把这些糟糕选题的弱点"翻转"过来，凑成一句话，再然后，拍拍学生们的肩膀指点道：往那里去，那里有光。

我们先来吐槽。

吐槽一：让你的论文选题宽阔如太平洋

在读书时，你一定听过老师如此评价你的研究选题："你这个切口太大了。"这是初学者最常见的一种问题，当然，你完全不必为此过分担心，因为即便是经验老到的研究者，这也往往是他们思考问题的起点。

让我们首先面对一个基本的现实：一篇论文，你需要写多少字？仅就传播学专业而言，一篇本科毕业论文大概需要8000字，硕士毕业论文大概需要30000字，一篇期刊论文，如果发表在优质的期刊上，大概需要1~2万字。如果你同意这些事实，那么，进一步讲，我希望你同样可以同意以下这个判断：在有限字数之中，我们能处理的问题，其实是十分有限的。

所以，如果你想把论文评审逼疯，最简单的一个方法，就是让你的论文选题宽阔如太平洋吧。例如，你可以和你的老师说：我的论文题目是"新媒体中的新闻生产新特点"。你的老师恐怕会对你的学术野心敬畏三分："你有考虑过出本书吗？上中下三卷那种。"

我来做个比喻：如果我们不考虑语言凝练的程度，粗暴地把论文的每一个字，都比喻成一粒沙子。那么，写论文的过程，就是把这些沙子装进一个容器之中，选题的宽与窄，则对应着这个容器是胖还是瘦。如果论文的字数是一定的，那么，你的选题/容器越宽，所能填充的深度也就越浅。

这个比喻的道理是这样的：如果你选择一个宽泛的选题，那么，你的论文一定是蜻蜓点水式的。当然，我能理解为什么大家喜欢这种宽泛的选题，因为它完成的难度看上去更低。你想想看，在一篇论文中，选择一个宽泛的问题，问题的每一个侧面，都雨露均沾式地写几笔，肯定比选择一个细小的切口进行不断深挖容易得多。不过，我想你也会承认，后者的价值无疑更大。

但是，我想对你略作安慰：很多优秀的研究选题，往往都是从一个宏大却模糊的想法开始的。因此，如果你拥有一个宽阔如太平洋的想法，也不必就此气馁。回到我们刚才的例子吧。如果你真的希望研究"新媒体中的新闻生产"，我会告诉你，这是个不错的起点。不过，你还需要继续往前走，缩小一下自己的野心，从太平洋中只取一瓢水。

这个时候，把论文中的每一个关键词都缩小一些，可能是一个不错的办法。在这个题目中，我们可以找到两个关键词：新媒体、新闻生产。接下来，我们分别尝试给它们"瘦身"。

首先是"新媒体"。这其实是个令人烦恼的说法，你首先需要告诉我，你是在何种意义上使用这个概念？要知道，"新"总是相对"旧"而言的。举个例子：如果你选择关注20世纪20年代的英国广播公司（BBC），那你可能会感兴趣的是，当时的舞台剧演员是如何第一次走入录音间朗诵莎士比亚的戏剧。要知道，那时候的他们，与如今面对AI技术的我们，可能是很相似的——都是一脸"懵圈"。这就是因为，在不同的历史阶段，新媒体所代指的对象总是不一样的。

这时你可能会说，我对历史研究毫无兴趣，我只关注当下的"新"媒体。这是个不错的主意。不过，即便如此，新媒体这个词也让我们觉得苦恼。互联网算新媒体吗？一些人将一些以互联网技术为基础的 APP 看作新媒体，但另一些人已经视之为稀松平常之事。20 年前，我们会觉得上网是一件无比惊喜的事，并称之为"网上冲浪"，还会在朋友的 QQ 空间里留言说"踩一下，欢迎回踩"。这些行为都显示出我们对一种新媒体怀有的热忱与期待。不过如今，如果你在别人的朋友圈里留言说"踩一下"，他可能会认为你在莫名其妙地怀旧。

因此，一个权宜之计便是，我们可否具体一些，绕开"新媒体"这样一个模糊不清且充满争议的概念：请直接告诉我，别绕圈子——你究竟想要研究"哪个媒体"？

其次是新闻生产。在传统的传播学研究中，我们经常会提到 5W 模式，亦即"谁""通过什么渠道""传递什么内容""传递给谁""产生了什么效果"。在这样一种学术领域划分的逻辑之中，"信息生产"占据了五分之一的江山。这实在是一个复杂的问题，其中可以包括的具体议题有（且不局限于）：

国家层面的媒体制度如何从宏观层面影响新闻生产？

媒体组织的所有权如何影响新闻内容？

新闻内容的倾向性是如何表现出来的？

媒介从业者的职业身份如何影响他们对新闻内容的选择？

……

既然我们不可能在一篇论文中把它们一网打尽，可不可以进一步缩小这个概念的范围，让它足够聚焦到一件小事情上，比如新闻生产过程中的某个具体环节或侧面？

说到这里，我们稍作整理。最初有了"新媒体中的新闻生产"

这个模糊但隐隐之中令我们兴奋的主题后，需要进一步将它细化：我们究竟要考察哪个媒体，我们又要考察这个新媒体中新闻生产的哪一个侧面或环节。

在这里，我想推荐你阅读陈阳（2019）的论文《每日推送10次意味着什么？——关于微信公众号生产过程中的新闻节奏的田野观察与思考》。在这篇文章中，陈阳给出的答案是：她希望借助自己在人民日报新媒体中心挂职的机会，进行一场田野研究，考察人民日报微信公众号的新闻生产节奏。陈阳在文中如此描述她的研究主题：

> 新闻生产节奏大大加快，意味着更多人力物力和工作时间的投入，那么，媒体机构采用了哪些措施来有效保证新闻节奏的加快？在这一过程中，形成了哪些新的工作常规（routine）？新闻节奏加快，对媒体机构和普通用户来说意味着什么？这是本文所关注的研究问题。本文考察微信公众号生产过程中新闻节奏的变化，通过田野研究资料，描述新闻实践发生转变的过程，以及产生转变的后果。本文所描述的画面和场景，发生在互联网媒体（有时候也被称为数字媒体、社交媒体或融合媒体）已经全面超越传统媒体这一历史背景下，传统媒体组织内部针对互联网用户的新闻生产节奏发生了变化。那么，哪些工作常规被保留，哪些被改进，这些变化蕴含了什么样的理论意义和实践价值，这将是本文描述的重点。

请注意，这段文字实际上解释了两件事情：第一，我的研究问题是什么？第二，我为什么选择这个具体的问题？这是每一位研究者都要重点交代的事情。

对于第一个问题，陈阳的答案是，我要研究人民日报微信公众号的新闻推送节奏。相比起"新媒体中的新闻生产",这个问题已经具体了不少。不过,这还没有完全结束,因为作为读者,你很可能会产生一个疑问:为什么要研究这样一个**小问题**,它的意义是什么?这当然不是研究者完全凭借自己的兴趣空想出来的,而是有更精细的考虑。陈阳选择"人民日报微信公众号"这一切入点,讨论的实际上是一个被很多研究者关注的话题:互联网媒体蓬勃发展的背景下,传统媒体如何进行应对和变革。此时,人民日报微信公众号便可视为一个重要且有代表性的案例。至于"新闻生产节奏",则是这场变革对传统媒体从业者显著的冲击:那些曾经可能习惯于沏一杯茶对着电脑炒股票的日报记者,不得不重新适应一种高强度的工作。这是一个具有冲突性且重要的视角。当然,你一定会感觉到,这可能比单纯地缩小范围更加困难,不过不用担心,我们会在第三讲中更加详细地讨论其中的策略。

吐槽二:让你的野心远远超过你的能力

学者陈阳利用挂职的机会,完成了这篇论文。这给我们提供了另一个启发:结合自身的工作或学习资源来思考研究选题,或许可以捕捉到难得的研究机遇。不过,似乎另一种情况出现的频率更高:学生约我一起喝杯咖啡,和我讲述他的研究设想。我能感受到他的野心和热忱,但还是禁不住泼一盆冷水:这个问题……你把握得住吗?

我在读书时,曾学到过一个并不怎么经常会出现在研究方法书籍里,但却对我帮助很大的道理:一般来讲,论文研究的规范步骤是寻找研究问题,接下来去思考如何解决这个问题,例如我该选择什么样的分析对象,采取哪种方法进行分析。但实际上,这个过程很可能并没有那么顺畅,甚至得调转过来。因为现实的残酷之处在于,即便作为老师,我们很多心中暗喜的研究设想,也并没有足够的资源去实现。在学术研究中,当研究资源无法与研究设想匹配的时候,设想便只能止步为一种设想。

很多学生在毕业论文开题时,都会展现出令人尊敬的野心。不过在欣赏之后不久,我就意识到,这可能是在给导师"反向画饼"。我丝毫不怀疑学生们最初的抱负,不过,大部分时候,这些抱负都会很快地败在能力和资源的脚下,变成一种言过其实的宣称。

举个例子来讲,很多学生想要研究"大学生社交媒体使用情况"。"中国大学生"是一个非常庞大的群体,你该如何抽取样本,让它们足以代表这个群体呢?让我们做个假设:你在中国人民大学新闻学院读书,为了研究这个话题,你将问卷投进了各种各样的微信群里,美其名曰"方便抽样"。你的社交圈恐怕主要是中国人民大学的学生,这个样本群体有足够大的"推广"潜力吗?似乎并没有。坦白来说,你研究的不是"中国大学生",而是你的不仅高考成绩优异,而且品格高尚——在微信群中抢了红包真会帮忙的同学。

我们必须首先承认自己获取数据的能力和资源是有限的,有些研究在理论层面并没有那么困难,但问题是,你根本找不到充分的数据去支撑你的回答。那么,如何处理这一困境呢?接下来,我来和你介绍两篇论文。第一个例子告诉我们,即便你是一个学生,并没有什么数据资源,但用你身边可以拿到的数据,同样有可能做出重要的研究。第二个例子则说明,很多时候,将手边不完美的数据"功效"最大化,可以让我们的研究豁然开朗。

第一篇论文发表于2019年,作者是一位浙江大学的本科生。论文发表在 Asian Survey 上，这是一本著名的亚洲研究的 SSCI 期刊（Wei, 2019）。我觉得这篇论文很了不起，倒不是说他难度有多大、水平有多高，而是作者的执行力和思路都很清晰。首先，他的题目选择的是大学生群体中的民族主义观念。但他知道，大学生这个群体太大了，他把握不住。因此，在题目中，他特别指出，自己关注的是"elite university students in Hangzhou"，也就是浙江大学的学生。他知道自己数据的局限，于是，干脆就把野心缩小到这所大学。这种处理问题的方式，不知道要比"中国大学生社交媒体使用"这样的题目强到哪里去了。

当然，你可能还会有一个质疑："你就研究浙江大学的学生，有啥意义呢？"这是一个好问题，也是这篇文章需要回答的关键问题。对此，作者的解释是这样的：

> 我调查的是位于杭州的浙江大学的学生，这一群体代表了中国的精英学生。正如我之前提到的，精英学生具有极大的政治重要性，而浙江大学的学生有可能代表这一群体。一项调查不能揭示出政治观点的细微差别，但它可以指明一个特定群体中的政治观点的分布及维度。

用最通俗的话来讲，作者挑选浙江大学的学生作为调查对象，因为这个大学很难考，能考上的学生，基本上都是精英。精英学生又具有独特的政治重要性。这个逻辑顺下来，这个研究的价值也有了，样本还控制在了自己完全可以把握的范围内。接下来，在浙江大学中，每30个宿舍，作者会随机抽一个宿舍，每一个宿舍，再随机抽取一个人来回答问卷，这样一共抽了300多份。我想再次和你强调，这样来"抽样"要比朋友圈"撒网"高明许多，这也是这篇论文可以发表的重要原因之一。

第二个例子来自研究者韦路和王梦迪（2014），他们基于日本核危机期间中国网民的微博讨论，研究了微博空间中的"知识生产沟"，简言之，便是讨论经济社会地位（SES）较低和较高的微博用户，在核危机这一议题上的知识生产会呈现出怎样的差距。比如说，后者的知识生产会不会数量更多、质量更高、影响更大？

这个研究话题一旦提出，就出现了一个注定无法完美解决的缺陷：微博用户的社会经济地位如何测量？一般而言，研究者会使用教育水平来测量社会经济地位（有时也会同时测量教育水平和收入情况），不过，很多微博用户不会填写自己的教育背景，即便填写了，恐怕也有很大的随意性。想到这里，恐怕大多数人的选择会是"放弃虽可耻却有用"——不如我们换个研究问题吧！然而，两位作者在处理这个麻烦事时，却选择了一种"曲线救国"的方法，一定程度上弥补了这一遗憾。在论文中，他们如此解释道：

> 所有34个省级行政区都有微博用户参与讨论，尽管分布不甚平衡。为了便于后续分析，地理区域被简化为哑变量，按照2010年国家统计年鉴公布的各省区人均GDP排名，前十位的省区加上港澳台地区和海外被归类为发达地区，其他省区被归类为欠发达地区……[**研究发现**]<u>参与公共事务知识生产的使用者更多来自京广沪和经济发达地区，表明这些使用者的政治经济背景整体较为优越，这也符合传统知识沟理论所强调的社会经济地位与公共事务知识之间的联动关系。</u>一般来说，中心城市和经济发达地区的居民拥有较高的教育程度、较多的资讯资源和较大的社交网络，因而具备更好的知识生产条件。

　　在上面这段文字中，作者给出的答案是：通过微博用户所在区域的经济发展状况，去推测出不同群体的教育程度，进而据此作为社会经济地位的指标。换句话来讲，传统的知识沟研究中，研究者往往会区分"高教育水平群体"和"低教育水平群体"，在这项研究中，两位作者使用的则是"发达地区"和"欠发达地区"。这样的处理完美吗？不完美。有问题吗？有问题。不过，在研究数据本身的不完美无法被完美解决时（这可能是研究的常态），这的确是一种聪明的权宜之计。在研究局限部分，两位作者也承认了这种处理方式本身的遗憾：

　　在传统知识沟研究中，教育程度一直都是衡量社会经济地位的核心指标，也是人们知识获取的决定因素。然而，由于微博用户很少在自己的背景资料中透露教育资讯，导致这一变量无法统计。虽然认证情况和地区归属可以在某种程度上反映社会经济地位，但仍然无法代替教育程度。

　　读完这段话，作为读者的你，会责备作者对数据的处理太过粗糙吗？我猜不会，甚至可能恰恰相反。当时我读到这里，第一反应是，在数据存在缺陷的情况下，作者如此解决问题，堪称智慧。这也是这篇论文得以发表的一个重要原因。

吐槽三：让你的论文成为学术工业流水线的产物

　　有那么三四年的时间，几乎在每年的毕业论文答辩中，我都会见到《纽约时报》。绝大多数情况下，这份报纸都会被拿来分析它的涉华报道。最后的结论，则基本上逃不开"偏见"这两个字。我并不否认这个结论在某种程度上是有道理的。不过问题在于，当成千上百篇研究都在重复这个结论的时候，它的价值又有多大呢？

如果你想在一周之内完成一篇毕业论文，那么去求助《纽约时报》吧，它没准能帮到你。如果你觉得《纽约时报》已经被"开采"得差不多了，换一家媒体也许是个好主意。你可以寻觅一下有什么正在发生的新闻，例如中印边境发生冲突。那么，《印度时报》完全可以成为你的目标，去对比一下《人民日报》与《印度时报》在中印边境冲突问题上的报道框架吧。记住，你要在研究背景中回顾一些关于中印关系的历史，在文献综述中，框架理论一定要多写一点，结论也不用发愁，小学数学课上的四则运算足以帮你应付所有的数据分析（这样说有些不准确，因为很可能用不到减法、乘法和除法）。在结论部分，请你回到传播政治经济学的问题上，阐述《印度时报》的偏见从何而来，作为中国媒体又该选择哪些应对策略。恭喜你，你完成了一篇"论文"。

请允许我给出一个武断的判定：这项研究的意义是非常微小的。换句话讲，你研究完了，又如何呢？这也就是我们经常会发问的"so what"。请别误会，我并非要求你的研究论文去拯救地球，这里所讲的"so what"，无非是在两个层面去讲：你的研究具有什么现实意义？你的研究具有什么理论意义？接下来，我们就按照这两个标准来反思一下上述的"套路"论文。

一方面，它仅仅具有微小的现实意义，因为结论几乎是在研究开始之前就已经设定好的。让我们直接面对这个事实吧：你其实并没有任何问题，只不过是在正襟危坐、装模作样，通过"数数"这种高科技研究方法，来证明一个再幼稚不过的结论：印度媒体会帮印度政府说话。如果你的结论发现《印度时报》帮着中国政府说话，我敬佩你是条汉子——你做出了令人意外、有可能具有重要学术意义的发现。不过很可惜，这几乎不可能。

下面这句话也许值得我们随时向自己发问：请正视自己的内心吧，你是否对你提出的问题的答案充满期待，甚至隐约感觉它能扩展你对这个世界的认知？还是这个答案已经被印证了千百次，而你不过是选择成为下一个安全而无用的螺丝？如果是后者的话，坦白地讲，你的研究完全是在浪费时间。

另一方面，这种研究的理论意义同样是微小的，甚至它不过是学术流水线标准生产的结果，它既不用携带任何理论上路，也不用对任何理论负责。在这里，我要简单和你"科普"一下学术研究的基本逻辑：研究者需要从既有的理论出发，提出比较具体的研究问题。然后通过经验材料的收集和分析，来回答这个问题，再基于这个问题的回答，回到更抽象的层面，去反哺理论，进一步证实它、修补它，或者推翻它。一句话讲，学术研究是一个演绎和归纳的反复循环（关于这一点，我们会在第三讲中给出更详细的解释）。

科普之后，让我们回到这些"套路"论文，你便会发现，它首先往往是没有理论性的：既不需要理论的帮助，也不会帮助理论继续生长。即便点缀了一些传播政治经济学中的拗口名词，也不过是在最为粗浅的层面，证明了媒体报道的偏向性根植于自身利益。换句话讲，就是用一系列花里胡哨的专业语言，证明了一句妇孺皆知的话：屁股决定脑袋。此时，你的工作，不过是把大家都明白的话，经过一番加工，让大家都看不明白。然后你煞有介事地称之为学术研究。

当然，我所说的这些话，并不意味着我要否定媒体内容分析的价值。你肯定想知道，我所说的"so what"，也就是研究的"现实意义"和"理论意义"，是如何体现在论文中的。不用着急，我们会花整本书的篇幅来讨论这件事。在这里，我们先运用"媒体文本"的研究，来做出一些解释。为什么你对《纽约时报》的研究是无价值的，其他学者对于《人民日报》的就有价值？显然，这和是哪个报纸并没有一毛钱关系。

首先是现实意义。同样是对媒体的框架分析，简·维泽莱德（Jane Weatherred）选择的议题是"儿童性侵"。她最终决定去做一个历时性的尝试，选择了2002-2012年间503份相关的媒体报道，探讨媒体是如何为"儿童性侵"问题设计"责任框架"的：儿童性侵应该如何归因，又应该如何解决？媒体报道中对于儿童性侵的归因和解决方案，又是如何随着时间的推进而演化的（Weatherred, 2017）？

值得注意的是，这项研究发现：媒体对于儿童性侵事件的归因逐渐从个体层面（例如性侵者患有精神疾病）转移到了社会层面（例如法律的惩罚力度欠缺）；然而，在解决方案方面，媒体报道一直聚焦在个体层面的方案（例如惩罚性侵者）而非社会层面的方案（例如改善法律）。So what？作者如此解释这一发现的现实价值：

为了做出改变，必须重视社会的价值观，以及新闻媒体如何潜在地影响公众感知。记者应该增加自己对于儿童性侵的知识，在报道儿童性侵新闻时，更多向这方面的专家、研究者和志愿者求教。报道不应该仅仅聚焦于性侵者的故事和这一案件的司法过程，而是应该逐渐包含增加对于儿童保护资源和儿童性侵的认知训练的讨论。新闻记者还应该呈现出相应的解决方案，以应对学校、教堂、运动队和志愿者组织中可能出现的儿童性侵事件。

其次是理论意义。李红涛和黄顺铭（2014）的研究论文可以成为我们的分析范例：他们对于《人民日报》"南京大屠杀"的纪念文章进行了历时性的内容分析，时间跨度从 1949 年到 2012 年。两位作者将"南京大屠杀"这一事件的纪念文章放置在了"文化创伤"的理论脉络中进行讨论：

①南京大屠杀实际上恰恰契合了文化创伤理论的基本观点。②研究者指出，当特定集体的成员感到自己遭遇到了某一可怕事件，该事件在群体意识和记忆中打上无法磨灭的烙印，并从根本上改变了其身份认同时，这就意味着文化创伤已然发生了……③事件的文化创伤化可以同时在宗教、审美、法律、科学、大众传媒，以及官僚机构等各种制度场域之中展开。不同制度场域都会根据自身的属性来开展文化创伤化的工作……④新闻媒体正是本研究要关照的一个制度场域。

在阅读这段文字的时候，请你务必慢下来，这里的每一句话都值得你再读一遍（如果可能的话，请读出声来！）。

第一句话首先提出观点，南京大屠杀可以被视为一种文化创伤。这意味着，通过对南京大屠杀的分析，两位作者希望在文化创伤这一理论范畴之内做出一些自己的思考和贡献。

第二句话对文化创伤这一概念进行解释。换句话说，就是说明了"文化创伤"这一概念的内涵。那么接下来，你一定会想知道，这种文化创伤会具体表现在哪些领域中呢？也就是说，它的外延在哪里呢？

第三句话要解决的便是这个问题。两位作者指出，文化创伤化的工作是在很多场域中进行的——宗教、法律、科学、大众传媒等。

诸位有没有看出来，这句话其实是为第四句话服务的——在各种不同的制度场域中，两位作者选择的，就是"新闻传媒"。你看，通过这段话，两位作者成功地将作为分析对象的媒体"文本"与作为理论支撑的文化创伤连接在了一起。这就是我们所讲的理论意义。

吐槽四：让你的论文盲目地跟随社会潮流

经常会有学生找我来聊自己的研究兴趣。不得不说，他们对于新的社会现象非常敏锐，在很大程度上弥补了我的信息盲点。曾有一段时间，很多学生都兴奋地问我该如何研究"夸夸群"，然而和很多网络热点一样，不久后"夸夸群"便消失在公众的视野中。接下来，又有学生开始关注网络中的"抖肩舞"，各个高校的学生社团在Bilibili上发布有自己学校特色的抖肩舞视频，我的一位学生还参与在其中（必须说一下，我很喜欢那个视频）。不过，如果有学生问我，该怎么研究抖肩舞，我可能会皱起眉头，一时找不到什么回应的办法。其中的原因很简单：现象很可能是易朽的。

在我读书时，曾有一位前辈学者建议学生不要去研究最新的传播现象，要离这个世界远一点。对于这个观点，我个人既同意，又不同意。不同意的原因，是传播学者难免去面对最新的媒介技术。20世纪30年代，报纸和广播成为了传播学研究的重心；20世纪70年代，电视逐渐开始占据传播学这个"山头"的顶峰；从21世纪开始，大量学者把目光聚焦到互联网和社交媒体之上；在这本书写作的时候，ChatGPT这个词又吸引了研究者的眼球。美国传播学者杰夫·

普利（Jeff Pooley）曾比喻说：传播学者就像是推石头上山的西西弗斯。每当把一种旧媒介理解得比较透彻之后，又会有一种新媒介出现，于是石头重新落回山脚。疲于奔命地去解释，或许是传播学者的一种宿命。

不过另一方面，我也同意这位学者的担忧。他的意思或许是，恰恰是这种"疲于奔命"，让大量的传播学研究始终处于"飘"着的状态。这个说法的意思是：并不是所有具有重要新闻价值的现象都有相等的学术价值，因为很多传播现象都和云朵一样，毫无预兆地飘来，又悄无声息地飘走。对这些现象的研究，则因为没能够扎进既有学术的问题脉络中，独自飘浮，从而无法产生真正的学术价值。如何解决这个问题呢？我们刚才说：现象易朽。在这里，我要在后面再加上四个字：问题长青。

我来举个例子：让我们回忆一下一个很"古早"的中国社交媒体——校内网。请告诉我，你还愿意花时间去阅读那些研究校内网的论文，甚至去研究校内网吗？我打赌你会摇摇头："这个网站早就倒掉了，读（写）那些东西还有什么用？"再举个例子，开心网呢？你是否记得风靡一时的抢车位游戏？很抱歉，一切都随风而逝，很少人会继续关注这些早已尘封的网站。如今，我们的研究重点可能转移到了快手和抖音。不过，设想一下，如果十年之后的快手和抖音如人人网和开心网一样过时了，我们又该怎么办呢？当然，那时候一定会出现另外的媒体形态，成为我们的新宠。对于那些热衷于追逐潮流的学者，《大话西游》里铁扇公主对至尊宝说的一句话再妥帖不过，"以前陪我看月亮的时候，叫人家小甜甜。现在新人胜旧人，叫人家牛夫人。"

我们关注一种新的社会现象、新的媒体形态，当然有现实的考量，对于中国如今的媒体版图而言，理解快手和抖音当然是重要的，但作为学术研究，我们还需要在此基础上，加入理论的考量，提出真问题。

那么，何为真问题？我个人对此的回答是，所谓真问题，是那些在迅速变幻的社会现象中，稳定存在的底层问题。如今，如果有一篇研究校内网的论文仍旧被我们阅读和引用，必定不是因为我们对校内网怀有多大的热情，而是因为这篇论文触及到了社交媒体的一个底层问题，这个底层问题在校内网消失之后，还会在新兴的媒体中延续。

这样说恐怕还是有些抽象，我来举一个例子。妮可·艾莉森（Nicole Ellison）等人发表过一篇对于相亲网站中自我呈现的研究（Ellison, Heino，& Gibbs, 2006）。虽然那些"古早"的相亲网站早已消失不见，不过直到今天，这篇论文仍旧是社交媒体研究领域经常被引用的文献，因为它触及到了"自我"这一概念的矛盾之处。相亲网站虽然消失了，社交媒体中的"自我"问题，却会一直延续下去。

再说得具体一点吧。对于"社交媒体自我呈现"这个话题，研究者经常会有一个迷思：社交媒体中，人们究竟扮演的是真实自我，还是理想自我。比如说朋友圈里，大家可能会倾向于表现出岁月静好的样子，这比较偏向理想自我。在豆瓣小号上，一个人更可能表达真实自我，因为豆瓣是他的秘密树洞。不过，这样的分类本身还是难免过于简单，你想想看，有没有这样一种情况，在社交媒体中，人们既不能太真实，也不能太理想，而是要不断地在理想自我和真实自我中争取平衡？如果有的话，这个分寸是如何被用户拿捏的？你看，这就是一个关于自我的真问题。

那么，这个问题要如何被投入到具体的研究对象中呢？在何种情境下，这两种自我的矛盾、冲突会特别棘手，又容易被研究者观察到呢？艾莉森等人的回答就是相亲网站。在相亲网站中，一方面，你不能太"真实自我"。比如说，你如果发个照片，一定要好好挑一张好看的，再搞一点美颜，否则其他用户根本不会对你感兴趣、给你发私信；另一方面，你又不能太"理想自我"。你美颜得太过了，虽然线上给对方留了一个好印象，但真要线下约会的时候，见光死了，得不偿失。除此之外，你的目标是在相亲网站中寻找一个终身伴侣，你需要被对方欣赏，更需要被对方理解。你要真靠那个"理想自我"和对方过一辈子，实在太累了。这一番描述下来，我相信，即便你没有使用过相亲网站，也能大概体会到这些用户的两难处境。

说到这里，我们稍作总结：相亲网站这种媒体形式可能有一天会消失（如同校内网和开心网一样），或者至少会产生剧烈的形态变革，但真实自我和理想自我的纠缠，则是一个相对稳定的、绵延的、根植于人性的真问题。这才是这篇论文在发表多年之后仍然被广泛引用的原因。

● 什么才算是一个不错的研究问题？

如果我们将上一部分的吐槽翻转过来，便可以大致描绘出一个好研究问题的基本轮廓：你需要聚焦到一个足够具体的题目；你的研究问题可以匹配你所掌握的资源；你的研究问题在理论或现实层面具有意义，可以回答"so what"的质问；你的研究并不流于现象的表面，而是在短暂易逝的现象之上，蕴藏着更为本质的理论思考。

为了让这些标准更具有可操作性，我的建议是，当你想到一个研究问题的时候，请尝试自己回答下面的三个问题。

问题一：它是让你兴奋，还是应付一项差事？

让我们说得直白一些：你所提出的问题，是否让你持续产生想要一探究竟的兴奋感？可否达成某种程度的自我解惑？还是你只不过是在装模作样地提出一个问题，再循规蹈矩地来解答一番？

我见过太多后一类的研究问题，其中很大一部分，都是缺乏"细节"、放之四海而皆准的提问，例如论述一种社会现象的成因、影响、机制、对策。以此为题的研究者，八成并没有阅读过多少这个领域的研究，也并没有期待自己能发现什么。甚至这四个问题的答案早就被他预订了：陈词滥调的成因、空口无凭的影响、闭门造车的机制，以及自己都不信的对策。论文写作由此变成了一种低水平的工业流水线生产。

在我看来，一个好的研究问题，是可以让研究者产生兴奋感的，如果把这句话再落地一些，在很多时候，这种兴奋又都来自于作者感受到的"困境感"。当作者提出这个问题的时候，他会禁不住地激动起来：对啊，这到底是为什么呢？这到底该怎么办呢？

为了阐释"困境"二字，我来举一个例子。我相信大部分读者都会加入一个微信群，名字大概叫"相亲相爱一家人"，这是非常具有中国特色的事情。现在，我们就有了一个问题。如果在这个微信群中，一位家庭成员去世了，我们该如何处理这个人的微信呢？我们要把这个人留下来吗？这太糟糕了，因为我们还能看到这位家庭成员的头像，但遗憾的是，他不会再说一句话了，这种感伤该如何抚平？我们要把这个人踢出去吗？这太糟糕了，因为对于亲人而言，这会给他们带来巨大的因抛弃而生的负罪感。这是一个非常好的提问起点，因为它会让我感到"这太难了，到底该怎么办呢？"

我和丁依然（2021）合作发表了一篇关于形婚群体的研究论文，我们在选题时，都觉得这个问题十分值得探讨，首先就是因为我们对它充满了好奇和不确定性。在东亚社会中，同性恋者往往会因为家庭的压力，被迫选择结婚。其中一个看似"捷径"的处理方式，就是两位异性的同性恋者形式上结婚，但各自仍旧保持自己的伴侣。这种看似解决了问题的权宜之计，实际上产生了更多的问题；这看似是问题的终点，实际上却是更多问题的起点：一方面，他们需要在自己的亲人、朋友面前"表演"夫妻；另一方面，他们又拥有自己的同性伴侣，对自己的性取向非常坚定。这两者之间的矛盾，让形婚者不得不去处理一系列棘手的关系问题，这些关系问题又该怎么办？

一个好的问题，首先需要的是一个充满紧张感的好故事，让研究者为之兴奋，想要一探究竟。研究的理想状态其实是一种自我解惑的生活方式。对此，约翰·马丁在《领悟方法》一书中如此说道："如果你不想对这个世界提问，让世界来告诉你一些你事先想不到的东西，那就不要浪费自己的时间（和我们的时间）假装在做研究了。"

问题二：它足够具体吗，还是过于空泛？

请不要误解这句话的意思。这并不是要让我们的研究变得"琐碎"。一个可能出现的误解是：如果我研究游戏，是不是"抠"得越细越好，比如，我可以研究其中的一个设置或功能，会不会比研究整个游戏更加具体。这里得申明：不是说越小的切口就一定有越重要的价值，我的意思仅仅是，我们需要找到一个能够挖"深"的切口。那么，如何算"深"呢？

切记，不要泛泛而谈。著名游戏研究者埃斯彭·阿尔赛斯（Espen Aarseth）曾写过一篇文章，给游戏研究入门者提供了十项攻略（Aarseth, 2019）。其中他说了这样一条建议：

> 不要泛泛谈论游戏/电子游戏。作为一名期刊编辑，我很少发表不关注特定游戏的文章，以及那些从不提及任何一款游戏名字的文章。如果文章只是总体上关于"游戏"的，那么，它通常其实根本和游戏没什么关系，只不过是用"游戏"来比喻其他真正的主题，不管它可能是什么。

我们在研究工作中的体验与此类似。例如，当我们试图了解人们是如何通过游戏来进行社交时，我们一定会选择一个具体的游戏，比如《王者荣耀》，我们选择它的理由之一，就是这个游戏与微信好友列表可以直接连接，这样一来，它的社交属性就被大大增强，特别有助于我们观察其中发生的社交行为。

那么，我们能不能把研究对象扩"宽"一些，比如说，研究两个游戏，这算是过于宽泛吗？当然不是，我们完全可以这样选择。比如说，你一定会发现，通过《王者荣耀》社交，与通过《和平精英》社交，体验很可能是不一样的。因为前者的游戏节奏很快，人们更多会在打游戏时讨论游戏本身的战术，但正如一位受访者所言："你完全可以吃鸡时和朋友'苟'起来闲聊。"实际上，如果我们选择两个游戏，我们就选择了一个不同的研究目标，即通过游戏机制的对比，来理解人们不同的社交行为。

关于对比性研究，我再来举一个例子。这篇论文的主标题叫做"双站记"（A tale of two sites），显然是戏仿狄更斯的著名小说《双城记》（*A tale of two cities*）的标题。这篇论文提问的逻辑是：很多既有研究都在探索用户人格与社交网站之间的关系，也就是什么样的人更喜欢用社交网站。这篇论文的不同点之一，是研究使用脸书和推特的用户在人格特质方面有什么差别。研究发现，那些更喜欢使用脸书的用户在社交性、外倾性、神经质方面的得分更高，但在认知需求方面更低（Hughes, Rowe, Batey, & Lee, 2012）。

不管是研究单一一种媒体，还是对比两种不同的媒体，甚至同时研究更多的媒体，都有其合理性。当然，需要我们特别注意的是，你的选择，实际上对应着你的研究目标，也是为了满足你的研究目标。

对于"具体"的强调，仅仅是希望你明白：在任何时候，都不要泛泛而谈。当然，除此之外，你的选择也会受制于你对于研究资料的获取能力，这是我们在前面就强调过的事情。

问题三：它触及本质吗，还是浮于表面？

我们刚才谈到了"现象易朽、问题长青"，因此，在你选择一个研究问题的时候，一定不要仅仅照顾到现象的"时髦"，更需要努力将现象还原到更本质的问题层面——它可以回答哪些稳定存在于人类传播行为中的真问题？当然，如果你对此还有一些疑问，这也是很正常的事情，我们还需要更多的研究实例来不断加深你对这个观点的理解。请不要担心，这也是我们整本书会一直进行的事情。

在这里，我需要带你再往前走一小步。我刚才提到"真问题"这个词的时候，前面的一个修饰语是"哪些"，这是一个不起眼的细节，但它是一个特别重要的暗示：一个社会现象，完全可能对应着多个真问题。这也为我们的学术想象力插上了更多颜色的翅膀。

我们可以尝试通过对"外卖员"这个群体的发问，来理解何谓"一个现象、多重问题"。在这里，我请你稍微停留一下，去思考这样一件事：对于我们日常生活中都会接触到的外卖员，你可能提出怎样的问题呢？我来和你分享一些你可能会感兴趣的问题，这些提问都很有意思，但仍旧停留在现象层面：

A：外卖员与外卖平台的关系是怎样的？

B：骑手在大街上行驶的速度为什么越来越疯狂？

C：女外卖员的工作体验可能有什么不同？

在这里，我想邀请各位去阅读学者孙萍的一系列关于外卖员的研究论文。她和她的合作者们将上述这些日常问题写成了三篇角度各异的研究论文。

第一种发问聚焦于外卖员与外卖平台的关系。其中的意义，在于理解"人的逻辑"和"算法逻辑"之间的碰撞。这种碰撞又可以进一步帮我们理解中国数字劳动的"形貌与内里"。再具体一点说：一方面，算法通过日益增强的精准性和标准化管理，将外卖员的劳动过程置于细致入微的监管之下；另一方面，数字劳动者在与平台算法的斗智斗勇中，也会形成一套属于自己的"逆算法"劳动实践（孙萍，2019）。

第二种发问聚焦于外卖骑手的骑行加速。我们思考一下外卖骑手的电动车，便会发现电动车作为一种媒介，不但展现了物质的传输，更体现了社会权力关系的维持。举个例子来讲，按照国家标准，电动车的最高限速为25km/h，不过，几乎所有外卖员都会在购买电动车之后，把限速器剪断，大部分外卖员的行驶速度会达到40km/h，相应的，平台的送餐速度也从50分钟缩短到大约30分钟。在国家标准的限速和平台的提速中，潜藏的是更广泛意义上的社会与技术的关联（孙萍，2020）。

第三种发问聚焦女外卖员的工作体验。送外卖这样的平台劳动，是具有强烈的男性化特征的。女性在加入送餐劳动时，需要面临性别身份向劳动身份的转型。此时，女性的"生存之道"，便是通过"示弱劳动"来实现个人劳动效益的最大化。不过，这并不意味着女外卖员会简单复制传统性别规则下的女性身份，因为她们还会通过送外卖，消解掉女性传统的勤劳、顾家、隐忍等性别规范，体现出独立自主、敢于挑战、团结一致的女性形象（孙萍、赵宇超、张仟煜，2021）。

当然，以上三段简单总结，并不能完整阐述这三篇论文的全部观点，放在这里的目的，是希望强调这样一个事实：本质是多面的，而不是唯一的。同一个社会议题，不同的研究者、不同的研究论文完全可以从不同的角度进行思考。对于你而言，要做的事情也是类似的：在一个"现象"中，找到你想说明的一个角度的"问题"。当然，这也意味着，你必须适度收起你的野心。一般来讲，尤其是对于初学者而言，请不要在一篇论文中同时表达两种视角，即便它们同样精彩。或许，你可以选择写两篇论文。

那么，何为好问题？

行文至此，我们已经可以打个包，为"好问题"做出一个暂时性的定义：**一个好的研究问题，往往是从<u>小切口</u>的<u>困境</u>出发，动用<u>可获得</u>的资源，与既有研究脉络形成<u>对话</u>关系，并在其基础之上往<u>前迈一小步</u>**。这也是我们讨论如何阅读和写作论文的基础共识。希望走到这里，你仍旧和我们在一起。

● 我要从哪里去寻找问题？

如果你期待读完上面这些建议，就可以成为论文选题的高手，那么，我恐怕要给你泼一盆冷水。实际上，你更可能的状态是："我好像对于如何选题明白了一些，但仍旧不知道自己该写什么。"别担心，这是再正常不过的事情。毕竟，如果阅读了这些文字，就可以琢磨出一个优秀的论文选题，那么，学术研究这件事情也未免太容易了。我想特别强调的是，论文写作的学习者需要去做两件事：观察和阅读。这乃是研究者的分内之事。

保护好你的好奇心！

所谓观察，首先要保持对生活的好奇心。小到传播学，大到更广泛的社会科学，往往都与日常生活经验息息相关，甚至很多选题，就潜伏在我们日常生活中司空见惯的现象之中。我经常和学生讲起研究者伯尼·纳尔迪（Bonnie Nardi）的故事。他在讲课的时候邀请学生来做一个分享，学生自己拟定的题目与《魔兽世界》这款游戏有关。纳尔迪听得一脑袋糨糊，甚至连什么是《魔兽世界》，他都不懂。为了理解学生们口中的这款游戏，他干脆让自己的孩子帮忙下载了一个，自己上手试看。谁知道，纳尔迪玩起来也觉得很有趣，干脆就做了一个民族志研究，最后凝结出版的作品，叫做《作为暗夜精灵牧师的我：魔兽世界的人类学考察》（Nardi, 2010），这也成为了游戏研究中的经典作品。

对于社会科学而言，研究的理想状态往往是自我解惑。我不是为了毕业去做研究，不是为了课题去做研究，也不是为了评什么教授、什么学者称号来做研究。我希望去解答我生命中的一些问题。我的生活困惑在哪里？或者说，哪些事情激发起了我对于这个世界的好奇心？这样的问题往往会成为很好的研究起点。

我们的好奇心可能源于某种现实的不可思议。我和我的合作者叶蓁（2021）发表过一篇论文，名为《做主播：一项关系劳动的数码民族志》，其中讨论了秀场女主播这一群体如何调整自己与男性观众之间的亲密关系，这种调节如何受到直播平台和直播公会的软性控制，又如何体现出她们的主体性。看到这里，你可能会觉得，这个研究题目的"字数"的确够多，看上去就挺学术。其实，我在进入到直播研究的田野中时，所设想的问题其实很简单，甚至简单到没那么学术：当我看到一枚枚价值1000元的"火箭"从屏幕中升起，女主播露出被上天眷顾一般的笑容时……大哥究竟图什么呢？

质性研究者一旦在直觉上感到"不可思议"，往往就可能因此产生研究的冲动，再通过生活细节的抽丝剥茧，去理解事情究竟"何以至此"。社会学家霍华德·贝克尔写在《社会学家的窍门》中的一句话陪伴我走过了很多研究经历："当研究者发现某些难以理解的举动，以至于心中唯一的念头就是'他们一定是疯了才会这样'时，我们最好假设，这种看似疯狂的行为其实是有其道理的，然后我们就去找为什么会有道理。"

我们的好奇心也可能缘于对"司空见惯"的重新质询。研究者李耘耕和朱焕雅（2019）感兴趣的话题是"朋友圈缘何而发"：我的微信好友中，有一些人特别喜欢发朋友圈，有一些人发得不多，有一些人干脆就不发。为什么会出现这样的差别？这篇论文的关键词包括自我呈现、孤独感、社会支持、亲密关系。作者基于这些关键词设计了一个量化模型。他们又把自我呈现策略分为了三个维度：他人中心、自我中心和前后台控制程度。实际上，作者回到了戈夫曼所讲的"自我呈现"这条线索，再把社会支持研究并置在一起，去思考朋友圈。其中既有自己的生活，也有理论的对话。这是一个好问题。

我们完全可以再发散一下思维。比如，你研究了为什么发朋友圈，那我完全可以思考一下，到底为什么有些人把朋友圈设置成"三天可见"？还是那句话，我们不能就问题谈问题，一定要找到背后的东西。"三天可见"的背后，可能会涉及社交媒体研究中的一个关键概念：可见性（visibility），也就是哪些文本可以被看见，在什么时间阶段可以被看见。如果我们再往前走，这种可见性的控制，很可能来自用户对自身隐私保护的关切，这就来到了"隐私关切"（privacy concern）这一概念之上。说到这里，我们完全可以把可见性和隐私关切的概念，带回到"三天可见"的现象中，你会发现，你可能已经非常接近一个合格的研究问题了。

当然，你一定会在这里提出一个疑问：我的眼睛说"我学会了"，我的脑子说"我没学会"。再说得落地一些：研究者是怎么基于一个日常生活中的现象，琢磨出这些花里胡哨的理论概念的呢？为什么我面对一个现象，脑子里就很难直接蹦出这么多线索？这里面当然有各种"即兴"的灵感，不过，没有任何研究者可以仅仅依靠自己的灵感，获得成功的职业生涯。我们的好奇心再爆棚，如果不搭配日常坚持的阅读，也会如同无水之鱼。

把阅读当作日课！

学术阅读作为研究者的"日课"，至少有两个方面的价值。

其一是通过阅读学习写作，也就是所谓的"会读才会写"。我们这本书的目标，便是带你精读很多优秀论文的片段，以此来向你介绍作者如何处理很多看似不起眼的细节，这些细节又如何搭建起一篇优秀的学术作品。其中既包括一些经典论文，也有一些我和学生们一起完成的作品。将后者选入这本书，当然并不是我们认为自己的工作有多么出色，而仅仅是作为写作者，我们可以与大家分享更多文本背后的思路。

在阅读中，学生们经常会有一个误区：用非常量化的指标来测量自己的工作进度。例如我每天读了几篇论文，读了几页书。在我看来，这些恐怕都只能带来虚假的满足感。相似地，近年来有不少人在宣扬所谓的一万小时成功法，意思是说，你在一件事上耕耘一万小时，一定会成功。努力固然正确，但仅仅用这样的量化标准来要求自己，恐怕会有缘木求鱼的嫌疑。

在我看来，与其在学术阅读中和"读了几小时""读了多少页"较劲，不如问问自己，通过这些阅读，我获得了什么启发。有时候你要故意放慢速度，一个字一个字地和论文较劲，才能真正梳理清楚作者的逻辑，甚至才能转化为你自己的写作技巧。慢，其实有时候就是快。我们需要理解如何阅读论文、如何在阅读中做出有效的笔记、如何整理出有效的知识，而不是一直追求速度，或者是一直在论文中不断"划线"标注重点。很多人划了各种线，一个礼拜之后，自己都忘记当时为什么要划这些线。这也是一种虚假的满足。当然，对于如何阅读和整理文献，我们会在本书的第五讲和大家详细进行解释。如果你着急想知道这件事，完全可以直接跳过去看。

学术阅读的第二个价值，是通过阅读寻找新的灵感。换句话讲，有时候你的研究问题来自对生活的好奇心，但有时候，也会来自其他人发表的研究。有时候，在我们的阅读过程中，会禁不住发出这样的感叹："作者竟然会从这个角度思考问题，太巧妙了！"那么，除去赞叹之外，我们可不可以仿照作者的思路，来研究我们关注的现象呢？当然可以，甚至我们需要做的工作，恰恰就是在既有研究的基础上，做出我们的贡献。

我自己有一个习惯，会速读最新发表的期刊论文。当然，我的阅读肯定是有挑选的，这一点同样会在第五讲中做出详细交代。最新发表的期刊论文代表着研究前沿，如果把研究比作一场战争，那么，教材更像是英雄人物的纪念馆，只有学术期刊才是炮火连天的最前线。

当然，你可能说："每个月发表的新论文这么多，我怎么可能有时间去读完它们？"我完全同意你的判断，因此，这里的阅读肯定是有挑选性的，例如去阅读和自己研究领域相关的文献。以我为例，我会更加关注社交媒体的研究。然而，社交媒体研究这个领域也已经足够庞杂了，那么，我可能会选择大部分论文只是快速刷一下题目和摘要（其实就足够掌握它的基本观点了）。在此之后，我再从中选择一些论文，更加仔细地阅读。

我们刚才说，阅读论文可以帮助我们形成研究问题。我在这里可以举两个例子。研究者阿曼达·阿伦卡尔（Amanda Alencar）等人发表了一篇论文，名为"作为求生锁的智能手机"，考察叙利亚难民在逃亡过程中如何使用移动传播技术求生（Alencar, Kondova, & Ribbens, 2019）。这个选题的确很有意思，也有重要的社会价值。不过，你可能会说，文章我读了，但这个和我有什么关系呢？我又没法去研究叙利亚难民。

请注意，我所说的启发，并不一定是将别人的论文思路"翻译"成你的论文思路（虽然有些复制性研究是这样做的）。我的意思是，虽然很可能我们不会去研究叙利亚难民，但我们可以从这个文章中学到一个很重要的事情：对于不同的社会群体，智能手机所意味的价值可能是不同的，不同社会群体使用的方式也很可能是不同的。如果我们把难民换成另外一个处于弱势地位且需要我们关注的群体呢？比如说，残障人士如何用抖音呈现自己的生活？我曾见过好几位残障女孩在轮椅上跳舞，拍成短视频，成为网红。我也见过几位聋哑人在抖音上直播，使用纸和笔与观众交流。他们是否可能成为我们研究的对象呢？

第二个例子直接启发了我和我的学生们一起完成了一项研究。这篇论文的研究对象是一种"平台摇摆"（platform swinging）式的使用行为（Tandoc Jr, Lou, & Min, 2019）。我先来解释一下：大部分读者可能和我一样，都会使用超过一个的社交媒体，满足我们不同的社交目标。传播学中有一个理论叫做"使用与满足"，关注的就是这个问题。例如，我刷微博的目的，可能是获得信息、社交交往、消磨时间、分享观点，当然，也可能是为爱豆打投。不过，如果把视野略微调"宽"，关注人们对于多元社交媒体的分配性使用，那么，我们的"满足"，便是在这些社交媒体的不断切换中实现的。我们拥有微博账号、豆瓣账号、微信账号、知乎账号……我们会用这么多不同的社交媒体，并且会在这些社交平台之间来回跳转，创造不同人设、经营不同的关系。这种现象被研究者称为多元社交媒体背景下的"平台摇摆"。

我们读完这篇论文的第一感觉是，它完全可以被应用到中国留学生这个具体的情境中。想想看，当中国留学生在抵达留学地后，他们往往需要面对两套截然不同的社交媒体：一面是以微信为代表的中国本土社交媒体，另一面则是以脸书为代表的当地社交媒体，这也造就了中国留学生群体在社交媒体空间中独特的"双面人生"。这种困境所直接导向的平台摇摆式的使用，是如何影响他们的国族身份与文化适应的呢？因此，我们以此为起点，开始了一项新的访谈研究（董晨宇、丁依然、段采薏，2020）。

● 本讲义的大纲

在这一讲中，我们处理的问题是如何"提问题"。此处，我用最简略的语言和你做一个回顾，供你理解其中的逻辑。如果说我希望你记住这一讲中的一句话，那么莫过于对好问题的判断标准："它往往是从小切口的困境出发，动用可获得的资源，与既有研究脉络形成对话关系，并在其基础之上往前迈一小步。"我们提出的问题切口往往是小的，这和我们可以获取的资源受限有一定的关系。不过，我们的理论野心却很可能并不细碎，所以我们要抓住小的困境，与大的研究脉络形成对话关系，进而去发展它。当然，写论文是一件苦差事，我不会否认这件事。因此，我们在保持对于生活的好奇心之外，更要进行长期的文献阅读，二者都是论文写作逃不开的日课。

在这一讲的最后，我还有两句嘱托。第一句是"研究问题非常重要"，你提了一个糟糕的研究问题，你后面所有费的工夫，几乎都是浪费。第二句是"研究问题又没那么重要"。提一个天才的研究问题的确很难，不过，提一个可以让你顺利毕业的，甚至在期刊上发表的研究问题，并不是一件难度很高的事情。那么，更难的是什么？我认为，是如何把这个问题高质量地执行下去。我听很多创业的朋友经常说一句话："好的主意满大街都是，执行力才是稀缺品。"因此，从这个角度来讲，研究问题是重要的，但却不是唯一重要的。

写论文是一件艰苦的事。一篇论文从形成初步的问题到最终完成所需要的时间的确很难计算，它可以短到两三个月，也可以长到三四年。不过，如果我们把其中需要进行的工作切成"块"来计算，那么，一篇经验（实证）研究论文大致可以稳定地分为以下七个部分：（1）标题、摘要、关键词；（2）导言；（3）文献综述；（4）研究方法；（5）研究发现；（6）讨论/结论；（7）参考文献。

我们经常讲，一篇好的研究论文需要讲一个"好故事"。我很喜欢这个说法，甚至我经常会想，一篇好的论文，其实就是一部侦探电影。让我们来一起开个脑洞：

标题、摘要、关键词就是这部电影的"官方海报"。一般而言，并不是每位读者都会通篇逐字阅读一篇论文，他们很可能会首先通过标题、摘要和关键词来判断这篇论文与他们是否有关、能否帮助到他们，或者是否会激发他们的兴趣。所以你会发现，摘要在其中就扮演了类似于"故事梗概"的角色，关键词则交代了这篇论文的"类型"，它从属于哪个研究领域，涉及哪些关键问题。近年来，越来越多的论文主标题也开始通过"噱头"来吸引读者。我印象很深的一篇论文研究了人们如何在社交媒体上悼念逝者，它的标题是《天堂中没有 Wi-Fi！在脸书纪念主页上协商可见性》（Marwick & Ellison, 2012）。不知道你是否和我一样，看到这个标题之后就很想去读一读作者的观点。

导言就是这部电影的"先导片"。简单来讲，读者至少会期待在这一部分中了解到有关研究对象的背景信息、论文的研究问题，以及这篇研究会做出的贡献。一般来讲，导言不会特别冗长，但"麻雀虽小、五脏俱全"，可以让读者对论文形成一个比摘要更为具体的印象。当然，对于论文评审而言，导言更是形成第一印象的关键。你要相信，大部分人在阅读论文的时候，都是"一鼓作气、再而衰、三而竭"的。导言部分的写作质量，在很大程度上决定了评审者继续读下去的动力和心态。毕竟，一部电影的先导片拍得稀碎，大家对这部电影的期待值，以及走进电影院的可能性都会大大降低。

文献综述就像是这部电影的"悬念"。这部分的目的是通过批判性地回顾既有研究，找到它们的缝隙，并且往前"捅"一下，提出属于你自己的问题。如果我们把论文理解为一部侦探电影，那么，作为作者的你就是侦探，需要通过查看既有的卷宗，找到一些未被察觉的蛛丝马迹。你要说服其他人相信你的发现并非空口无凭，而是可能具有重要的价值，填补这些卷宗中没有涉及的问题，甚至可能推翻案件的结果。当然，对于初学者而言，文献综述的写作是非常让他们头痛的，因为这不仅涉及大量的阅读，更需要作者对这些文献进行有效的爬梳和整合。所谓"综述"，既要"综"合他人，也要讲"述"自己。

如果我们继续用这个"侦探电影"的比喻，那么研究方法部分的作用，就是交代你查找真相的策略：你需要派多少人、携带什么工具、去哪个地方抓"凶手"。对于一篇经验研究论文而言，研究方法意味着作者要讲述并证明这项研究的科学性。毕竟，不恰当的研究方法，可能会导致错误的研究发现。这就好比一位侦探使出浑身力气却错过了真凶。仅就传播学而言，我们对于研究方法的强调不过是近十年的事情。在我读书的时候，方法类课程的比例并不高，很多研究仍旧带有中国知识分子传统的"思辨"特征。不过，我并不是责难"思辨"，我的意思仅仅是说，经验研究的规范性得到了越来越多的重视，而这种"规范性"在很大程度上便表现在研究方法的使用与写作之中。

研究发现就是为这部侦探电影解开谜底："真相只有一个"。研究发现的写作可以非常简单，不过是"就事论事"四个字的原则。简单来讲，就是作者在导言和文献综述中提出了什么问题，在研究发现中，就得去回答这些问题。一般来讲，量化研究的研究发现写作比较套路化，学习起来也比较简单；质性研究的研究发现部分相对难写一点，因为它掌握的数据很可能是一些田野中的故事，或者一些被访者说过的话。因此，在质性研究的研究发现中，作者要讲一个更复杂的故事，这就意味着对于论证的结构和逻辑性要求也会更高一些：作者不仅需要在一个段落中提出观点、提供证据、解释意义，还需要完成多个段落的逻辑"咬合"工作，做到层层推进。

研究讨论/结论就像是一部电影到了结尾处，给自己升华一下主题思想。因此，如果说研究发现的原则是"就事论事"，那么研究讨论/结论恰恰不能局限于就事论事，而是要给自己的研究"上价值"。

就像一部电影的主旨可能是展现人性的光辉，一篇论文背后的意义也一定不会局限于具体的结论，它可能会基于自己的结论，返回来与既有研究文献进行对话，也可能提出新的概念甚至是理论，还可能"以小见大"地揭示出更为深远的意义。研究讨论/结论的写作在一定程度上决定了这篇论文可以抵达的高度，但它也非常考验研究者的学术想象力，在我个人看来，这里是一篇论文最难写的、修改次数最多的部分。在论文投稿的经历中，匿名评审比较频繁提出的问题，也是在"推"着研究者在讨论/结论部分更充分地探讨论文的理论贡献和现实贡献。

最后，参考文献就像是一部电影落幕时的演职员表。学术研究是一个积累性的工作，没有一项研究是"无源之水"，出于学术伦理和写作规范的要求，论文作者需要在论文中以某种格式注明自己参考的文献，这既是对于他人知识贡献的承认，也方便读者去查阅和验证这些观点的出处。不同期刊对于参考文献的格式要求并不相同，其中 APA 格式是比较常见的一种。如果你想投稿自己的论文，尤其是被一本期刊拒稿后转投另一本期刊，"调格式"将会是一件非常耗费精力的事情。目前有一些软件可以帮助我们进行格式的生成和转化，例如 Zotero、Endnote、Mendeley 等。你可以在互联网上找到大量相关的教程和技巧分享，因此这部分内容并不在这本讲义的涉猎范围内。

仅就这本讲义而言，我并不会按照一篇经验研究论文的呈现顺序，逐一向你解释写作技巧。因为事实上，论文的呈现顺序与构思/写作顺序往往并不相同。因此，我会把这些不同的部分重新打乱和归类，来更好地呈现出一篇研究论文的设计思路。因此，在第一讲"提问题"之后，这本书接下来的部分会分为四个问题。

第二讲是"找GAP"。这部分主要处理的是文献综述的写作。我想很多研究者都会同意，文献综述会在论文写作的过程中消耗大量时间。为何如此呢？在这一讲中我曾说，我们的研究要和其他研究展开对话，虽然这种对话会贯穿整篇论文，但其中最关键的地方，莫过于文献综述；而文献综述最重要的工作，则是基于旧研究，提出新可能。这是我们下一讲要讨论的问题。

第三讲是"搭连接"。既然是经验研究，那么，论文一定需要完成"文献"和"经验"的"双向奔赴"。你的研究问题一定要具体落实到某个对象的经验之上。例如，你可以去研究亲密关系和经济关系之间的冲突和调和，那么，你就可以用SNH48小偶像如何处理与粉丝之间的关系作为"经验"。当然，反过来讲，你的经验也一定会在最后"反哺"你所参考的研究文献，去进一步拓展这一领域的理论潜力。虽然文献和经验的双向奔赴会贯穿整篇论文，但在导言、文献综述和讨论/结论这三部分中，双向奔赴的"浓度"会更加强烈。在这一讲中，我们也会集中处理这三部分的写作。

第四讲是"做研究"。这部分主要涉及一篇论文的研究方法和研究发现。最后，我们也会将前面各个部分加以整合，讨论论文标题、摘要和关键词的写作。诚实地讲，这部分最大的难度并不在于写作，而在于执行研究的能力。这本讲义无法在有限的篇幅内处理具体的研究方法问题，例如如何进行数据的分析。不过，对于不同的研究方法，我会推荐不同的阅读材料供你参考。在这一讲中，我们聚焦的是写作框架的搭建和逻辑推进的方法。

第五讲是"磨日课"。这部分并不会直接涉及论文具体内容的写作，而是希望和你分享一些论文阅读的方法、论文笔记的策略，以及学术写作中的习惯培养和心态调整。没有阅读量的积累，我们很

难提出切中要害的研究问题，也无法在一片"森林"里为自己这棵
"树"找到位置。我一直和学生讲，论文阅读是我们的本分事，是每
天要敲的钟。论文写作的学习，也一定"始"于大量的阅读和模仿。
只有会读，才能会写。

　　因此，在这本讲义的写作过程中，我给自己提了一个要求：为
每一个我分享的技巧都搭配真实的研究案例。也许作为读者的你已
经看过太多的写作原则，但这些原则仅仅停留在你的脑海中（有时
候还会遗忘），而无法落实在你的笔头上。其中一个很重要的原因，
就是你没有积累大量的案例。打个或许不完全妥帖的比喻，在我们
学习英语的时候，老师总会说，不要只背单词，要在句子里理解单
词的用法。因此，这本讲义选取了数十篇中英文研究文献的段落做
精读，希望它们可以帮你开启一趟顺利的论文写作旅程。

● 参考文献

陈阳.(2019).每日推送10次意味着什么?——关于微信公众号生产过程中的新
　　闻节奏的田野观察与思考. *新闻记者*(09),23-31.

丁依然 & 董晨宇.(2021).制造夫妻:中国形婚群体的剧班协作、达标表演与身份
　　失调. *妇女研究论丛*(06),87-98.

董晨宇,丁依然 & 段采薏.(2020).作为复媒体环境的社交媒体:中国留学生群体
　　的平台分配与文化适应. *国际新闻界*(07),74-95.

董晨宇 & 叶蓁.(2021).做主播:一项关系劳动的数码民族志. *国际新闻界*(12),
　　6-28.

李红涛 & 黄顺铭.(2014)."耻化"叙事与文化创伤的建构:《人民日报》南京大屠
　　杀纪念文章(1949-2012)的内容分析. *新闻与传播研究*(01),37-54+126-127.

李耘耕 & 朱焕雅.(2019).朋友圈缘何而发:社会心理视阈下大学生微信自我呈现策略及影响因素研究. *新闻记者*(05),25-35.

孙萍.(2019)."算法逻辑"下的数字劳动:一项对平台经济下外卖送餐员的研究. *思想战线*(06),50-57.

孙萍.(2020).媒介作为一种研究方法:传播、物质性与数字劳动. *国际新闻界*(11),39-53.

孙萍,赵宇超 & 张仟煜.(2021).平台、性别与劳动:"女骑手"的性别展演. *妇女研究论丛*(06),5-16.

韦路 & 王梦迪(2014).微博空间的知识生产沟研究:以日本核危机期间中国网民的微博讨论为例. *传播与社会学刊*(27),65-99.

Aarseth, E. (2019). Game studies: How to play—Ten play-tips for the aspiring game-studies scholar. *Game Studies*, 19(2).

Alencar, A., Kondova, K., & Ribbens, W. (2019). The smartphone as a lifeline: An exploration of refugees' use of mobile communication technologies during their flight. *Media, Culture & Society*, 41(6), 828-844.

Ellison, N., Heino, R., & Gibbs, J. (2006). Managing impressions online: Self-presentation processes in the online dating environment. *Journal of Computer-Mediated Communication*, 11(2), 415-441.

Hughes, D. J., Rowe, M., Batey, M., & Lee, A. (2012). A tale of two sites: Twitter vs. Facebook and the personality predictors of social media usage. *Computers in Human Behavior*, 28(2), 561-569.

Marwick, A., & Ellison, N. B. (2012). "There isn't Wifi in heaven!" Negotiating visibility on Facebook memorial pages. *Journal of Broadcasting & Electronic Media*, 56(3), 378-400.

Nardi, B. (2010). *My life as a night elf priest: An anthropological account of World of Warcraft*. University of Michigan Press.

Tandoc Jr, E. C., Lou, C., & Min, V. L. H. (2019). Platform-swinging in a poly-social‑media context: How and why users navigate multiple social media platforms. *Journal of Computer-Mediated Communication*, 24(1), 21-35.

Weatherred, J. L. (2017). Framing child sexual abuse: A longitudinal content analysis of newspaper and television coverage, 2002—2012. *Journal of Child Sexual Abuse*, 26(1), 3-22.

Wei, Z. (2019). China's Little Pinks? Nationalism among Elite University Students in Hangzhou. *Asian Survey*, 59(5), 822-843.

第二讲

找 GAP

　　在第一讲中，我们分析了如何挑选一个有价值的研究问题。之所以把"选题"这件事放在首要的位置和你分享，原因很简单：如同行走一样，如果挑选了一个错误的方向，任凭我们如何努力，都只会离想要到达的目的地越来越远。

　　在第一讲的结尾，我和你分享了寻找好选题的方法：保持好奇、坚持阅读，二者缺一不可。现在，请我们来直面一个现实：这些建议仍旧是原则性的，你很可能在读完之后，会形成一种"看起来很美、做起来很难"的困惑。这并不意外。如果你并非一个对生活丧失了观察热情的人，那么其中的原因，恐怕更多会出在阅读这件事情上。因为对于论文写作而言，一个好"问题"并不仅仅是天马行空的想象，而是必须把自己放在既有的学术研究脉络中，并且证明它在学术脉络中的价值。

　　请注意，在这里我其实强调了两件事。一个是找到属于这个问题的学术脉络，它强调的是"相同"——我的研究并非无源之水，而是与其他研究拥有共同的旨趣。另一个是证明自己在这一脉络中的价值，它强调"不同"——我的研究并非与前辈一样，而是站在他们的肩膀上，奋力一跳，想离真理的天空更进一步。我将这个寻找"相同"和"不同"的一整个过程称为"找GAP"。

具体到写作中，一篇研究的"GAP"虽然往往会在导言部分便做出清晰的交代，不过，对于"GAP"的集中阐释，却体现在文献综述部分。在这一讲中，我会从"道"与"术"两个角度，来为你拆解这一问题。所谓"道"，即我们为何要在文献综述中找到"GAP"，又如何找到真正有价值的GAP；所谓"术"，则是我们如何将这个"GAP"书写为文献综述中具体的段落。

● GAP之道：与经典对话

让我们从"为什么要找GAP"这个问题开始讲起。也就是说，为什么我的论文既要找到自己的学术脉络，同时还要有所区别和进展？为了回答这个问题，我们需要聊聊研究者究竟在做着怎样一种工作。对于学术研究的逻辑，我曾听过两个有趣的比喻，在这里和你一一介绍。你会发现，虽然它们使用的修辞各有不同，但却共同指向了一件事：一篇学术论文的核心价值，恐怕就在于找到有别于前人的"GAP"。

第一项比喻有关教育与知识的本质。这个比喻将知识的积累视为一个向外扩展的圆。我们很可能在读小学的时候，第一次系统性地接触到人类知识，这时候，我们的知识结构是一个小圆圈。这里面有两个意思：一是"小"，这意味着我们的知识十分有限，甚至大部分是我们生活中所依赖的常识。二是"圆"，这意味着我们会在基础教育阶段，什么都学一点。按照老师们常说的话，叫做"不偏科"。在初中和高中阶段，我们所做的事情，大抵是将这个圆向外均匀延展。不过，到了大学，我们拥有了自己的专业，便需要集中从一个角度向外延展。你会围绕着一个学科，来集中建立自己的知识体系。

如果你选择攻读研究生，那么，就不仅需要学习所谓的专业基础课，还应该拥有自己的专业研究方向。你会看到，我们每个人的知识进路，都在越走越深的同时，越走越窄。此时，理想的状况是，你会拥有一片属于自己的自耕地，在一个细分的领域中，试图抵达人类知识的边缘，在上面继续往外开凿。一篇优秀的论文一定也是在做同样的尝试：它会触及人类知识的边疆，并且使尽全身力气，往外再拱出去一点点。

如果说第一项比喻强调了知识的延续和纵深，第二项比喻则更多强调了传承与发展。学术研究从来不是"无源之水"，它很类似于一项"盖楼"的工程。有些研究者经常说自己的工作就是"学术搬砖"，这句话并非没有道理。它的意思是：前人的研究经历了"提问""执行""发现"这三个步骤，最终盖了第一层楼。如果这项研究足够具有启发性，那么，后续的研究者则会在它的基础上，尝试盖第二层楼，这也回应了我们读中学时就听过的一句名言：站在巨人的肩膀上，你才会看得更远。

当然，我们必须承认，并非所有论文都会成为别人盖楼的基础。事实上，很多论文可能都没有人引用。这些论文会成为学术研究的"死胡同"（dead ends），最终被遗忘。不过，优秀的研究者和他们的作品，则会一直被后人铭记。如今，我们在研究社交媒体中的自我呈现这一问题时，很可能要回到社会学家欧文·戈夫曼1959年的作品《日常生活中的自我呈现》，因为这本书是整个楼的基础。戈夫曼负责为我们搭起最初的脚手架，后续的研究者则负责成为这座学术高楼上的一块块砖石，让大楼向天空进发。

　　除去那些极少数天赋异禀的开创者外，绝大部分研究者要做的工作，都不是去盖第一层楼，而是在前人的基础上，摆上自己这块砖。这时候，我们自然就必须熟悉已经盖好的部分大体呈现出何种样貌，才可能知道自己应该继续往哪里盖，盖上去的这块砖，才可能牢靠、有效。想要做到这件事，便离不开两项具体的工作：一是阅读前人的研究，二是在此基础之上，提出自己合理的设想。这两者之间存在的衔接工作，便是"找 GAP"。

　　如果我们在这两项比喻的基础上略作提炼，便可以得出一个学术研究者经常挂在口头上的经典名言："研究论文需要回到经典、与之对话。"既然是对话，便一定是双向的，这意味着我们既需要读进去，又需要读出来。对于最初接触一个领域的人，困难可能在于前者。不过，对于一个即将动笔写作自己论文的人，困难则往往在于后者。

　　很多学生都曾和我说过这样一种困惑："我在读完一篇精彩的论文后，觉得除了顶礼膜拜之外，没什么可以做的了。"必须承认，我也有这样的经历，感觉这篇论文说到了我的心坎上，只恨自己没有早生几年，把这个题目归为己有。不过，说得务虚一些，学术研究的愉悦恰恰就在这里——去挑战一座座大山；说得接地气儿一点呢，文献综述所要完成的也正是这样一件事：我们不仅要说明白"这些研究在何种程度上启发了我"，更要告诉读者"我想如何反过来启发它们"。

● 他们做了什么？他们没做什么？

遗憾的是，在评审论文的过程中，我曾见过很多"游街示众"式的文献综述，只有叙述，没有启发。这个现象不仅在本科生中很普遍，在专业期刊的投稿论文中其实也不少见。所谓"游街示众"式的文献综述，指的是将与自己相关的研究逐一罗列，有的是按照时间顺序，有的干脆是看到什么综述什么：董晨宇说了A，许莹琪说了B，丁依然说了C。一系列的诡异操作之后，作者冷不丁地再抛出自己的研究问题。这个问题与我们三个人毫无关系。每当我看到自己被这样引用的时候，都会从心里觉得：感谢引用，但大可不必。

这样的处理方式恐怕并不能称为文献综述，因为它完全体现不出"综"这个字，顶多算是一个大杂烩的"述"。我们来打个比方：如果我们把每个相关研究比喻成一块砖，你想通过文献综述把它们垒成一面墙。那么，你要做的工作，其实并不是把它们任意地堆在一起，因为这种墙是一定会塌的。你要做的事情，是熟悉它们的形状，设计最优的摆放顺序，再用水泥将它们固合在一起。这里的水泥，落地为具体的写作策略，便是"逻辑"二字。

当然，你一定觉得"逻辑"二字仍旧显得太缥缈，我们必须说得再务实一点：文献综述遵循怎样的逻辑呢？我想简单用三句话为你总结：第一是"他们做了什么"，第二是"他们没做什么"，第三是"我要做什么"。

我可以通过以下这个例子和你解释这三句话是如何被应用于文献综述的。这篇论文的理论基础是"新闻价值"（Trilling, Tolochko,

& Burscher, 2017)。新闻传播学的同学们对这个东西一定很熟悉了。很多学生都可以轻易背诵新闻价值所谓的六个"性"：真实性、时效性、重要性、显著性、有趣性、接近性。不过，这篇论文的作者敏锐地观察到了一个新现象：

> 新闻消费模式正在发生巨大变化。仅仅在20年前，一个人是否有可能阅读到一篇特定的新闻，主要取决于他是否是该媒体渠道的固定读者。如今，这种关系不那么简单了。记者不再是人们接触哪条新闻的唯一把关人，因为第二个过滤层已经出现：那些通过在社交媒体上分享链接来传播消息的民众。

作者的意思是，早期的新闻的生产者仅限于专业记者，而如今，普通的社交媒体用户也可以成为新闻的"中转站"，他们中转的方式，就是"分享"。这样一来，研究者就不仅要思考传统的新闻生产价值，还要考虑社交媒体用户在分享新闻时秉持的分享价值，也就是说，用户基于怎样的原则来选择分享哪些新闻、不分享哪些新闻呢？这是一个崭新的视角。描述完这个背景性基础，在接下来的一段中，作者便开始了"找GAP"的工作：

> ①各种研究表明，用户在分享新闻时会得到各种满足感。②**然而**，关于哪些新闻实际上是通过社交媒体扩散的，我们所知相对较少——鉴于新闻接触对政治传播研究的核心重要性，这一鸿沟尤其成问题。③**因此**，我们在本文中聚焦那些可以预测文章在社交网站上被分享频率的新闻内容特征。

这段文字一共有三句话，我们必须要一句一句地"拆"。

第一句告诉我们，之前的研究者对"分享新闻的满足感"这一问题已经有所研究。这对应着我们刚刚提到的第一个逻辑："他们做了什么"。

第二句话告诉我们，对于"哪些新闻会被用户通过社交媒体进行扩散"这一问题，研究者却知道得很少。这对应着我们刚刚提到的第二个逻辑："他们没做什么"。

第三句话告诉我们，作者要在这篇论文中回答这一问题。这对应着我们刚刚提到的第三个逻辑："我要做什么"。

请注意，这三个逻辑是被两个词所连接的。连接"他们做了什么"和"他们没做什么"的，是"然而"（在英文论文中，经常使用的连接词包括however/yet/while）；连接"他们没做什么"和"我要做什么"的，是"因此"（在英文论文中，经常使用的连接词包括therefore/thus）。如果你阅读了足够多的论文，便会发现这几个词在文献综述中经常遇到。实际上，作者正是借助它们来完成文献综述结构的搭建。因此，我们可以更简略地说，文献综述所贯彻的逻辑，就是"然而……因此……"。

让我们再来看第二个例子（Grieve & March, 2021）。这篇论文研究的是"什么人更有可能成为低头族"，也就是那些总是忍不住低头看手机的人。作者的文献综述是这样写的，限于篇幅，我只截取了其中关键的"节点"：

①鉴于低头症(phubbing)对关系质量和生活满意度的负面影响，研究人员探索了能够预测它的因素，试图理解和管理这种行为。②研究表明，智能手机成瘾和特质型无聊是低头症的重要的、积极的预测

因素……智能手机让自尊需求得到满足。与之相关,低头症也可以被"害怕错过"所预测……③Billieux 提出了一个智能手机问题性使用的研究模型,虽然它本身没有考虑到低头症,但该模型却适用于从低头症的角度考察自恋的效用……④因此,我们这项研究的目的,便是检验不同自恋类型(脆弱自恋、浮夸自恋)对于低头症行为的预测能力。

让我们一起按照"然而……因此……"的逻辑,拆解一下这四句话。

前两句话告诉我们,低头症这件事很重要,所以很多研究者都关注它的预测指标。具体来说,既有研究中经常提到的三个因素:智能手机成瘾、特质型无聊和"害怕错过"。

第三句话形成了文献综述中的"然而"。作者告诉我们,Billieux 在研究中关注到,"自恋"会强化智能手机的问题性使用。这与低头族有关吗?既有关,又无关。"有关"是因为低头症也算是一种手机的问题性使用;"无关"是因为低头症研究恰恰还没有关注过"自恋"这一因素。这就形成了研究"GAP"。

第四句话顺理成章地成为了"因此"。作者这篇论文要探索的,就是不同自恋类型对于低头症的影响。

● 他们做了什么:找不到对话者?

研究者是否能在文献综述中证明研究问题的价值,也就是形成合理的"然而……因此……",在很大程度上决定了整个研究的成败。不过,在我们具体讨论如何架构和写作一篇文献综述之前,必须还要考虑到另一个问题，也是很多学生会询问的问题："我特别想研究一个社会现象，但它太新了，还没有人研究过，我应该选什么理论脉络？"如果我们把文献综述视为一场"对话"，他们的问题显然是还没有找到对谈者。

坦白地讲，这是一个典型的"懒人问题"。很多时候，我都没办法告诉他答案，因为很可能我也不懂。要知道，一个好问题的最终提出，往往需要一些前期文献阅读的积累。学生经常有一个幻觉，就是老师什么都懂。事实恰恰相反，除了我自己深耕的一亩三分地之外，其余研究领域的知识，我也只是略知皮毛，甚至还不如对这个话题感兴趣的学生读得多。除此之外，我们在第一讲也提到过，一个社会现象（例如外卖骑手）往往存在多个可能的切口，因此，这里面并没有唯一正确的答案。

那么此时，你应该怎么办呢？我个人认为，即便你需要寻求老师的帮助，也不能"一张白纸"地去找他咨询，这种谈话往往是极其低效的，除非你仅仅想去沟通感情。在寻求帮助之前，你或许可以从两个角度，自己试着做一些尝试，帮助自己形成一些可能的答案。

从现象中挖本质

第一个角度，是从现象中挖掘本质。这里的本质，指的是学术研究中已经被长期探索的、稳定且厚重的问题/议题。如果你可以成功找到这个与自己研究的现象对接的本质，便会发现，可能其他研究者还没来得及关注这个现象，但对于这个本质，却已经存在汗牛充栋的研究。只有觉察到它们，你的文献综述才可以正式开启。

　　这样说来似乎有些抽象，我们还是来举一个真实的研究案例（Jaynes, 2020）。这篇研究关注的是我们生活中经常发生的一件小事：发布他人和自己的"聊天截图"。如果你也对这个话题感兴趣，决定在 Google Scholar 和 CNKI 数据库中搜索"截图"（screenshot）这个关键词的话，恐怕会失望而归。因为相关的研究主要集中在游戏和美学方面，能与传播学搭边儿的极其稀少。该怎么办呢？这篇论文的作者从一个很细小的切口出发，将聊天截图定义为青少年女孩之间的一种同辈政治：

　　①在这篇文章中，我认为截图具有超越这种技术功能的"社交"生命。我将屏幕截图视为青少年友谊团体内外的强大交流工具。②这篇文章中的青少年女孩的经历说明，截图在受欢迎程度和同辈政治的协商中起着至关重要的作用……③在女性主义媒体研究的基础上，我将截图的获取、占有和流通放置在女性身体和权力的监视的历史中，展示了截图如何与现有的受欢迎程度和可见性的性别政治进行交叉。

　　在这段话中，作者展示了她为"聊天截图"这一现象找的一种本质，即"青少年友谊团体内外的强大交流工具"。举个例子，在生活中，有时候朋友会把他与另一个人微信聊天的内容，截图发给我们。问题来了，为什么有时候我们会觉得，交换这种截图恰恰显示了我们之间的亲密，但有时候，我们却会觉得这个人有点不懂"分寸"，喜欢泄露别人的隐私？问题可能要取决于"关系"二字，也就是传给我截图的这个人，和我关系近，还是截图中的另一个人，和我关系近。这就形成了一种同辈政治（peer politics）。

　　聊天截图这个具体的现象虽然没有多少相关研究，但如果我们把聊天截图作为体现同辈政治的工具，就可以把自己并入到"权力"和"监视"的话题中。不仅如此，作者还认为，这一现象在青少年女孩中尤其明显，因此，她还把女性主义视角放进了自己的理论框架中。如此一来，一个看似陌生的话题，便通过寻求其本质，变得熟悉起来。我们可以用一句话这样总结：聊天截图是陌生的，不过，同辈政治、权力、监视、性别这样的概念，却在学术研究中具有丰富的资源。

当然，正如我前面讲的，一个现象所对应的，往往不会仅仅是一种本质。聊天截图也不例外。我再来给你提供一个我自己的思考。在我们通过微信进行一对一聊天时，大概会有这样一种预设：我发出的信息，只是给你一个人看的；同样，你发出的信息，也是只给我一个人看的。这叫做"可见性的互惠"（reciprocal visibility）。从这个角度出发，聊天截图的本质还可能是什么呢？我可以给出的一种答案是：它恰恰打破了这种可见性的互惠，背叛了一对一的人际传播预设边界。

在此基础之上，我们还可以联想到疫情期间的诸多流言。你有没有发现，很多流言的传播载体，恰恰就是聊天截图？一方面的原因是，聊天截图保留了一对一的人际传播形式，具有浓厚的人际语境感；另一方面，它又被插上了翅膀，变成了具有一对多潜质的大众传播，也就是所谓的"大众人际传播"（O'Sullivan & Carr, 2018）。那么，我完全可以尝试自己写一段：

既有对于聊天截图的研究关注它所造成的道德风险，因为聊天截图背叛了人际传播中"看与被看"的互惠性本质。对话者通常会明确知道他/她的发言会在多大范围内被看见。然而，聊天截图却会打破对话者之间最初默认的传播范围，完成一种从"私人"到"公共"的转换。对于媒体研究者而言，这也体现了大众人际传播中的双重特性：一方面，聊天截图仍旧保存了自身的人际对话语境。另一方面，聊天截图很容易可以被复制传播，进入到公共空间之中。

向后退一步

在"从现象中挖本质"之外，还有另一种与它相关又略有不同的思路，我称之为"向后退一步"。也就是说，如果我们的研究对象太新了，那么我们是否退而求其次，在旧研究中寻找一些可能的相似之处，为我们所用？实际上，在传播技术发展如此迅速的今天，这是传播学者不得不一直面对的问题。

举个例子来讲，近年来被广泛讨论的人机传播便体现出这种特点。当传播研究者在对这一问题进行考察时，不得不去克服一个根本性的障碍：人类与人工智能之间的互动，完全打破了一个多世纪以来形成的传播理论体系的前设，因为机器从传播媒介转变成了传播者。此时，研究者或许可以从人际传播出发，去思考人机传播。我们一起再来看一篇研究文献，其中，作者对人机传播中的情感支持进行了条理清晰的反复推演（Meng & Dai, 2021）：

①当一个人透露他或她的压力经历和感受时，来自谈话伙伴的情感支持可以改善他（她）的心理结果。随着人工智能聊天机器人开始与人们就后者的压力进行同理心对话时，重要的问题便产生了：聊天机器人的情感支持是否能有效地减轻人们的压力和担忧？它的效力在什么时候被放大或缩小？……②人际传播理论声称，人们对伴侣的

关系认知,可以增强或阻碍他们从中获得情感支持的能力。因此,要实现情感支持的有效性,聊天机器人应该表现出有助于形成积极关系认知的社交线索。③鉴于互惠性的自我表露会增强关系感知(例如喜欢和信任),本研究将互惠性的自我披露转化为人工智能聊天机器人的社交线索。

这三句话写得极为凝练,在不断的对比中一步步推出了自己的研究问题。

第一句话讲了两件事:在一个人表达自己的感受时,另一个人的情感支持可以帮他提升幸福感。因此,作者猜测,如果我们表达感受的对象是智能机器人,会有同样的结果吗?

第二句话进一步深入,同样表达了两件事:在人际传播中,这种支持的效果,很大程度上取决于对交谈对象的关系认知。自然,我们想知道,社交机器人如果和我们形成积极的关系认知,它提供情感支持的效果会不会更好?

第三句话再度深入。怎么才能形成积极的关系认知呢?人际传播研究认为,基于互惠性的自我表露可以做到这一点。那么,如果聊天机器人做同样的事情,会不会让我们感觉和它更加亲密呢?

讲到这里,这篇研究想要提出什么问题、它提问的坐标在哪里,就很明确了。这也提醒我们,从既有的研究中寻找类似的旧"靶子",并在必要时采取对比的研究策略,可能有意想不到的收获。

● 他们没做什么：找不到GAP？

　　我们继续往下讲。让我们假定，到这里你已经找到了与自己对话的研究领域，也积累了一些文献量。此时，你的麻烦可能会变成：人家写得已经这么好了，我实在找不到什么GAP。

　　请相信我，这种感觉并不罕见，也很正常。毕竟，能够通过匿名评审发表在学术期刊上的论文，大部分都形成了自己独特的贡献。尤其是对于已经很成熟的研究领域来讲，越往上面盖砖，难度可能会越大。坦白来讲，我并不认为这个能力是可以完全"教"出来的，因为研究者大多有自己思考的"窍门"，我能做的，仅仅是将自己常常用于思考GAP的窍门分享给你。如果你是学术论文的初学者，接下来的三种思考工具或许值得你模仿；当然，我更加鼓励各位可以在我的基础上，开发出属于你自己的思考工具。

　　曾经是什么，现在是什么？

　　第一种思考工具从问题出发，我们要询问的事情是："曾经是什么，现在是什么？"换句话讲，曾经那些言之凿凿、被顶礼膜拜的理论设想，在如今新的社会技术环境中，是否有更新的可能性？我们之前讲了一个例子，作者从新闻价值出发，推进到分享价值，就是一种从"曾经"到"现在"的突破。相仿，我们还可以看看下面这个例子（Gran, Booth, & Bucher, 2021）。作者瞄准了"数字鸿沟"这一诞生于20世纪90年代的学术概念，并用新的技术形态，也就是算法，来赋予它新的生命力：

①在选择哪些信息被视为与个体相关时，算法在公共生活中的信息、消费和参与方面起着至关重要的作用。此外，我们正在进入这样一个时代：算法协助并从根本上嵌入社会大多数部门的关键决策过程，包括公共行政、媒体、医疗和政治。②这一基本的民主角色表明，我们需要更多地了解人们对于算法的知识和认识水平，这不仅仅是因为算法远不是中立的工具，反而经常会持续造成结构性不平等和历史偏见。③另一个理论传统，即所谓的"数字鸿沟研究"，重点关注互联网基础设施和计算机接入方面的不平等，同时也关注用户不同的动机、技能、模式，以及数字技能在日常生活中更广泛的益处。④到目前为止，这一传统更注重实际操作技能（浏览、导航、制作内容等）和具体使用（电子邮件、社交媒体、娱乐等），尚未在国家层面上将算法作为数字鸿沟的一部分来认识。⑤我们认同 Hargittai 和 Micheli 将算法意识视为互联网用户中的一个变量因素，因此，本研究的目标是将算法意识和态度纳入到数字鸿沟的研究之中。

我把这一段划分为五个部分。第一句在处理背景，凸显了算法在公共生活中的重要性。既然算法如此重要，那么，从公共层面上看，我们就必须尽力让所有人都对它有所了解。如果做不到这一点，任凭算法制造出新的结构性不平等，这最终会削弱它可能承担的民主角色。这两句话加在一起，凸显了三个关键词：算法、认知、平等。

算法是新事物，不过，认知和平等这两个概念却不是，它们都属于数字鸿沟研究的经典命题。作者接下来的工作，就是把"新"

的算法带入到"旧"的数字鸿沟中。因此,这一段的第三句话便介绍了数字鸿沟关注的问题。第四句话进一步开始了寻找"然而"的工作:数字鸿沟并没有把算法视为重要的组成部分。自然,第五句就可以过渡到"因此"的工作:我们的目标,便是考察社会中的算法意识鸿沟。

彼岸是什么,此地是什么?

第二种思考工具从语境出发。我们要询问的事情是:"彼岸是什么,此地是什么?"换句话讲,这里面体现了研究者一直以来关注的一个关键问题:在地化。这里面通常隐藏着一种矛盾:来自西方的理论往往并不能(完全)解释非西方语境的实践,但非西方的研究者却很少能拒绝与西方进行对话。因此,一种折中的路线,便是把本土的文化要素与西方的理论脉络进行结合,期待在碰撞中获得更深刻的洞见。

打个比方。这就好比一身西装,即便是西方人做的,中国人也能穿,唯一的问题是,很可能因为我们的体型特征不同,穿上去不完全合身。既然如此,我们为何不借助西方的成熟工艺,为自己"量体裁衣"呢?下面一篇论文便尝试将"技术接受模型"和中国人的"关系"概念加以整合,来理解我们对于微信的使用(Lisha, Goh, Yifan, & Rasli, 2017):

①到目前为止,关于社交媒体中用户行为意向的研究中,以文化理论驱动的还很少……关系在微信用户持续使用意愿中的作用尚未得到实证研究。②为了解决这一知识鸿沟,我们借鉴关系理论

（guanxi theory），将基于文化的社会建制整合到技术接受模型中……
③我们假设关系影响着中国社会的社交机制，而中国社会有着深刻的
社会心理根源和自身的文化价值观。关系扮演的某些角色可能会影
响微信用户的技术接受，即感知有用性、感知易用性和持续使用意愿。
此外，关系中的情感因素可能与感知愉悦有关，而感知愉悦又被认为
可以预测持续使用意愿。④本研究的目的是检验中国社会中的微信
持续使用意愿。这种意愿反映了"关系"的社会影响过程。

　　在这一段文字中，作者主要说了四件事情。

　　在第一句话中，作者一上来便抛出了"然而"的问题：解释用
户行为意向的理论模型往往会忽略文化起到的作用。

　　在第二句话中，作者开始进行"因此"的工作：我要做的事情，
就是把"技术接受模型"和"关系理论"放在一起，合并成一个
模型。

　　那么，怎么合并呢？作者在第三句话中进行了更加具体的解释。
一方面，技术接受模型关注感知有用性和感知易用性对持续使用意
愿的影响。关系理论中的诸多要素，例如"人情""面子""感情"，
有可能对感知有用性和感知易用性产生影响，那么，我们就可以尝
试把它们组合在一起；另一方面，"人情""面子""感情"还可能影
响感知愉悦，进而继续影响使用意愿。这也是既有研究较少关注的
一种可能的影响路径。

　　最后，在第四句话中，作者进行了总结，抛出了自己的研究
问题。

　　上面这个例子是量化的，我们再看一个质性的研究。尼古拉
斯·约翰（Nicholas John）曾发表过一篇论文，关注 Web2.0 时代中

的"sharing"一词。他发现社交媒体往往会以三种崭新且有趣的方式来使用这个词：

第一，模糊目标的"share"。例如越来越多的社交网站宣传语中，已经不再局限于鼓励用户分享照片、视频、网站链接，而是去分享"life""world"和"real you"；

第二，缺少目标的"share"。例如 MySpace 的首页会更加简单地告诉用户，他们可以在这里"1. Follow, 2. Get the latest, 3. Share"；

第三，崭新目标的"share"。例如照片分享网站 Fotolog2007 年的广告语是"share your world with the world"。要知道，在社交媒体出现之前，"让世界了解你"从不曾是 share 的目标（John, 2013）。

这篇研究发表 7 年之后，约翰又和中国学者赵珞琳合作发表了一项研究，关注中国社交媒体中的"share"（Zhao & John, 2020）。有趣的是，当这个词被翻译成中文时，我们既可以叫它"分享"，也可以叫它"共享"。以此为起点，两位作者发现，分享更加强调人际关系，共享更加强调社会秩序。分享与共享放在一起，建构了中国社会中微观层面的人际和谐和宏观层面的社会和谐，又反映了中国哲学中"小我"与"大我"之间的统一。因此，他们通过"sharing"和"共享/分享"的文化对比，为我们提供了一面镜子，去思考中国互联网的微妙与复杂。在我看来，相比将技术接受模型与中国关系文化结合在一起，这篇对"分享/共享"的研究的写作难度其实会更大一些，当然，作者的处理也更加细腻。

正向是什么，反向是什么？

第三种思考工具从角度出发。我们要询问的事情是："正向是什么，反向是什么?"很多研究都会执着在一个视角上进行深耕，这当然不算是什么缺陷，不过，如果我们可以把这个角度倒转180度，进行反向思考，可能会有令人惊喜的结果。我和我的学生段采薏曾经一起发表过一篇论文，关注的问题其实很"琐碎"，就是人们如何在分手之后删朋友圈（董晨宇、段采薏，2020）。在论文中，我们是这样来阐述反向思考的:

①既有研究大多基于戈夫曼的自我呈现视角,关注人们如何通过社交媒体展演自己的亲密关系。②相较之下,少有研究考察社交媒体中的自我消除行为。自我消除,即用户在社交媒体上对已经发送的内容进行删除,或降低其可见性的行为。③本研究认为,自我消除本身也是社交媒体中的一种身份表演策略,亦是一种普遍但被忽略的自我呈现。④因此,以戈夫曼的理论为起点,本研究从反向视角切入,通过分手这一案例,探讨分手者如何通过在社交媒体上的自我消除行为,来调节社交关系并重建个人身份,以应对这种消极事件带来的展演危机。

这一段中同样有四句话。

第一句话中，我们回顾了既有研究的视角：人们如何在社交媒体上"展演"。

第二句话中，我们提出了一个新的视角：人们如何在社交媒体上"撤展"。这两句话合在一起，完成了"然而"的工作。

第三句话中，我们进一步阐释了这个"GAP"的价值：在社交媒体上，人们的撤展行为不但普遍发生，而且其实也可以被视为一种特殊的自我呈现。

在价值定位完成之后，我们便可以在第四句话中进行"因此"的工作：从反向视角切入，以分手为案例，来发展戈夫曼的自我呈现理论。

实际上，近年来有很多优秀的研究论文，都是通过"反其道而行之"来建立自己的思考坐标。这里面有一个经典的例子，就是泰纳·布切尔（Taina Bucher）对于社交媒体算法的讨论（Bucher, 2012）。她的思考起点回到了米歇尔·福柯所讲的"全景敞视监狱"。何为"全景敞视监狱"呢？我们来一起想象一下，首先，它是一个环形建筑，四周是囚犯的屋子，这些屋子彼此隔离，谁也看不见谁。其次，建筑的中央立着一座瞭望塔，狱警站在塔上，可以看到所有的囚犯。最后，因为逆光的原因，囚犯看不到狱警是不是正在看着他，甚至是不是在岗。

全景敞视监狱的精妙之处在于，它让囚犯时刻感受到一种时时刻刻的"可见性威胁"。囚犯知道自己可能会被看到，但不确定是不是真的正在被盯着，所以，他最安全的选择，就是时时刻刻都守规矩，不要捣乱。如果我们把这个概念放进社会环境中，其实是一个道理。例如，现代社会中各种各样的摄像头，不论是在马路上，还是在超市里，其实都是全景敞视监狱中的"哨兵"，监视着我们的一举一动：你最好守规矩，否则可能会被看见！

那么，你可能会想，这和社交媒体的算法有什么关系呢？布切尔的精妙之处也在于此，她认为算法其实倒转了全景敞视监狱的逻辑。换句话讲，算法的威胁并不在于"可见性"，而在于"不可见性"。举个例子来讲，短视频的创作者害怕算法，很大程度上，是因为如果他没有按照算法的"旨意"行事，做出违规的事情，算法就会对他做出惩罚，也就是民间常说的"限流"，而限流本质上恰恰是一种"不可见"。当算法仍旧是一个黑箱，创作者无法彻底弄明白它准确的运转规则时，就会出现一系列的民间猜想，意图逃避这种不可见的威胁。例如，我们会看到，在短视频平台上，很多创作者都会使用汉语拼音缩写或者错别字，来代指一些他们认为可能会"触怒"算法的词语。

● 层层推进：完成属于自己的文献综述

读到这里，想必你已经了解了文献综述的基本逻辑和思路。不过，恐怕你也会有一个疑问："人家的文献综述都挺长的，为什么你举的例子这么短？"原因很简单，因为我邀请你一起阅读的论文片段，大多节选自文章的"导言"部分。导言相当于一篇论文的地图，帮读者快读以抓住作者大致的研究思路。对于导言如何写作，我们会放在下一讲中具体来说。在这里，我想强调的是：你说的没错，相比导言，文献综述的篇幅当然要更长，论证也更加具体。

于是接下来，我们就一起聊聊更加具体的"文献综述"如何写作。我先来给一个最直接的答案：在我看来，一篇实证研究论文的文献综述，需要按照"然而……因此……"的思路，把既有文献加以整合、批判和再创造，最后讲成一个跌宕起伏的"故事"。当然，我知道仅仅是这样一个原则，对你恐怕并没有太多帮助。接下来，我会把这条原则进一步拆分为更具操作性的三步策略：界定、推进、整合。

界　定

我们先来关注界定。这两个字的意义,是研究者必须首先提取自己研究中的关键理论概念,并对它(们)进行定义。我在指导学生论文的时候,常常发现初学者容易在文献综述部分操之过急,一上来就开始进行很发散的思考。其实在此之前,我们首先需要解决的问题,是界定你即将讨论的理论概念。把根扎好,再向上生长。

这个事情看起来并不困难,但对于初学者而言,问题往往在于:为什么看起来一句话就能解决的工作,专业的研究者却可以描述得非常"丰满"?如果用一句话来回答这个问题,我会说:对理论或概念的界定,可以从定义、解释、证据和意义四个角度来进行。为了理解这件事,我们来一起读读韦路和王梦迪(2014)如何在论文中界定"知识沟假说"的:

①传统的知识沟研究聚焦于人们在公共事务知识获取上的差异。四十多年前,明尼苏达小组提出了这一经典假设:当大众媒体资讯在一个社会系统中不断增加的时候,具有较高社会经济地位的个体比地位较低的个体获取这些资讯的速度更快,因而导致他们之间的知识沟逐渐扩大而不是缩小(Tichenor, Donohue, & Olien, 1970, p. 159)。

②该假设的中心意涵是,所有人都会从大众媒体上获取知识,但社会经济地位较高的阶层会比地位较低的阶层得到的更多更快。

③这一假设激发了大量的传播研究,集中对人们知识获取的结构性不平等现象进行探究。总体而言,过往的知识沟研究可以概括为三个层面。第一,呈现知识沟的存在及其强度(如 Holbrook, 2002;

Tichenor, Donohue, & Olien, 1970）。第二，探索大众媒体与知识沟之间的关系（如 Eveland, Hayes, Shah, & Kwak, 2005; Eveland & Scheufele, 2000; Lemert, 1993）。第三，发现知识沟的制约或调节因素（如 Ettema & Kline, 1977; Kwak, 1999）。最近的一项元分析研究统计了所有相关研究，得出了一个中度的知识沟强度（Hwang & Jeong, 2009）。然而，知识沟的强度却并未随时间而改变，也没有因为媒介报导强度的变化而改变。在所有被研究的调节因素当中，元分析发现议题、情境、知识的测量方式和研究设计都有影响，而报导程度、国家和抽样方法则没有显著影响（Hwang & Jeong, 2009）。

　　④作为一个反映大众媒介控制作用的理论框架，知识沟假设隐含了四个基本假定（Nisbet, 2008）。第一，知识是一种重要的社会资源，是社会权力的基础（Donohue et al., 1973; Viswanath & Demers, 1999）。第二，对知识的控制是权力发展和维护的核心（Donohue et al., 1973）。第三，"所有传播过程都包含了控制的功能，或明显或含蓄"（Donohue et al., 1973: 653）。第四，媒介系统是"整个社会系统中的一部分，与其他部分相互依存，既控制着其他子系统，又被其他子系统所控制"（Donohue et al., 1973: 652）。概言之，知识沟就是大众媒体社会控制功能的一种体现，是大众媒体为了巩固主导阶层的统治现状而对知识进行控制的结果。

　　这篇论文使用的便是这样一种比较规矩的处理方式。简单来讲，在上面的四段文字中，第一段为知识沟假说做出了定义。第二段对这个定义的意涵进行了解释。第三段展示了相关的研究证据。第四段进一步论述了知识沟假说背后的意义。

　　在这里我必须要强调一点：知识沟假说经历了长久的发展，也具有比较稳定、成熟的研究体系。这样的理论概念是容易界定的。不过，另一些理论概念则并没有在研究者内部达成共识。这既可能是因为这个概念太新了，也可能是源于学科之间的研究视角的差异。因此，我们在界定它的时候，便需要多花一些力气。一方面，我们需要展示定义的差异性，即便是一语带过；另一方面，也更加重要的是，我们则要在差异性中选择自己的坐标。请注意，这个坐标最后的选择，一定是为了更好地回答我们的研究问题。孙萍（2019）在界定"算法"这一概念时的写作方式，篇幅不长却信息丰满，非常适合我们进行拆解：

①关于如何定义算法，一直存在一些争论。社会科学家超越计算机科学的限制，将算法应用于社会和文化系统。②Gillespie（2014）认为算法是一种特殊的"知识逻辑"，它"建立在关于知识是什么以及人们应该如何识别它最相关的组件的特定假设之上"。③Seaver（2017）主张"把算法当做文化"，指出算法"不仅应该由理性的程序构成，还应该包括制度、人、交叉语境，以及在日常文化生活中获得的粗糙和现成的意义建构"。Seaver（2017）认为算法是"由集合的人类实践所组成的"，并建议研究人员以民族志的方式探索它。④基于既有研究的观点，本研究建立在以下的观点之上：算法是一个过程，其中包括社会和技术背景下人类主体和非人类主体的集合。他们在其中彼此相遇、交织与冲突。⑤因此，在下面的分析中，算法是用社会科学的方法进行检查的。换言之，"算法"被假设为一种多层概念，其中包括异质和动态的社会技术实践。⑥在应用该取向时，算法处于按需经济的互连社会网络中，它由不同的参与者组成，具有多层次的社会技术含义。

在传播学研究的历史中，算法是一个比较新的概念。对于算法的定义，因为不同学科关注不同的问题而存在较大差异，对于它的界定也存在不同的侧重。因此，研究者不能想当然地认为，自己可以直接将这个词拿来就用，而是要对它先做出剖析，并且告诉读者，自己是在何种意义之上使用这个词的。在这段文字中，作者将自己对于算法的界定分为了三步：

第一步，这个概念有怎样的争论？这段文字的第一句在处理这一问题。不过，你可以发现，这句话显示了作者非常灵巧的处理。孙萍并没有详细展开这些争议，只是陈述了计算机科学和社会科学的不同。并且，因为这篇论文属于典型的社会科学研究，她在句式的选择上，突出了社会科学对于计算机科学的超越。

第二步，我具体选择的是其中哪种含义？在此基础之上，作者在第二、三句话中，引用了 Gillespie 和 Seaver 的作品，把算法定义为一种人类实践的意义建构，这种视角非常适合进行民族志的研究，更重要的是，这也恰恰是这篇论文的方法视角。这两句话虽然不长，信息含量却十分丰富。

第三步，我如何具体地应用这一概念？作者在第四、五、六句话中，回答了这个问题。

推　进

当然，界定只是文献综述的第一个目标。它有点类似于打包行李，打包是因为我们需要带上这个行李去旅游。换句话说，研究者需要借助这个概念，通过一层一层的逻辑推进，找到自己的 GAP，提出自己的研究问题。其中有两种常用的写作方法值得向你推荐：

从宽到窄、从旧到新。

第一种方法是**从宽到窄**。它的意思是，最初的理论概念可能具有非常宽广的适用范围，我们的研究对象，则往往是切口很小的一个现象。那么，我们便需要从宽广的理论，一步步收缩到窄小的现象。我们先来看一个简单的例子（Ho, 2012）。作者掌握的理论资源是我们刚刚提到的知识沟假说。这个理论关注教育水平与知识水平之间的关系，而这里的"知识"一词范围宽广。她希望提出的问题，则是具体到在新加坡，甲流期间人们的教育水平和甲流知识的水平是否相关。你可以看出来，在理论和现象之间，存在着一个从宽到窄的不对等。因此，作者便需要通过文献综述，将二者连接起来：

①知识沟效应已在各个卫生领域得到证明，其中，在健康信息流增加的情况下，社会经济地位与健康知识之间的关联强度获得增加（Viswanath et al., 2006; Viswanath & Finnegan, 1996）。②既有研究表明，与受教育程度较低的人相比，受教育程度越高的人往往对各种健康问题了解得越多，例如癌症预防（Slater, Hayes, Reineke, Long, & Bettinghaus, 2009; Viswanath et al., 2006）、心血管健康（Ettema et al., 1983）、一般健康知识（C.J.Lee, 2009）和艾滋病（Wanta & Elliott, 1995）。③同样，在新加坡进行的研究表明，教育水平往往与公众对健康问题的了解呈正相关，例如直肠癌和乳腺癌的预防（Jara-Lazaro, Thilagaratnam, & Puay, 2010; N. Y. Wong, Nenny, Guy, & Seow-Choen, 2002）、HPV疫苗（Pitts et al., 2009）和急性呼吸综合征（Seng, Lim, Ng, Wong, & Emmanuel, 2004）。④基于这些考虑，我们提出如下假设：教育水平与新加坡人甲流相关的知识水平呈现正相关关系。

作者在这一段中应用了"从宽到窄"的叙述逻辑。

第一句提出论点，也就是知识沟假说在卫生领域得到广泛证明。这其实已经做了第一步的收缩，将知识聚焦到卫生知识。

第二句话则作为证据，对第一句话中的论点进行证明。行文至此，作者成功地在"知识沟假说"与"健康问题"之间建立了联系。

接下来，你会发现，作者并没有就此止步，而是进一步收缩，把问题聚焦到了新加坡的语境之中。在第三句话中，作者介绍了知识沟假说在新加坡卫生领域中的应用情况。如果我们对比第一句和第三句论述的内容，便会发现非常明显的"从宽到窄"的变化。

完成了这两轮收缩工作之后，作者在第四句自然而然地提出了自己的假设。

第二种方法是**从旧到新**。我们完全可以在文献综述中按照时间顺序梳理一个理论。请注意，不要误解我，这绝不意味着我们应该像"晒单"一样，把理论发展的每一个时期都详细介绍，原因很简单：写论文并不等于写教材。教材的目的是向学习者阐释一个理论的"昨天"和"今天"，论文的目的，则要超越这个目的，它对于"昨天"与"今天"的梳理，一定是为了展望"明天"，这个"明天"，就是我们要通过填补GAP取得的知识性进展。接下来，我们一起读一个很典型的论文片段。其中，作者希望以一种更为历史性和文化性的视角来审视"社会关系"（social ties）这一经典理论概念（Zeng Skovhøj, 2021）：

对社交网络的研究由来已久。从20世纪30年代起，对社交网络的研究开始出现在组织研究中。在20世纪50年代，人类学和社会学的研究者开始关注社会网络。然而，只是在Granovetter的工作之后，对社会关系的研究才得以加速。通过研究社会网络在换工作中的作用，他得出结论：认为人们会向强关系寻求支持，不过，弱关系具有提供新信息、新见解的优势。作为这项里程碑工作的延续，学者们试图扩展或挑战 Granovetter 关于强关系和弱关系的不同功能的结论。一方面，一些学者强调不应忽视强关系的力量，因为它具有共享资源和提供支持的更高动机；另一方面，Small（2017）调查了一组大学生在吐露心声时如何挑选强关系和弱关系，发现人们也会向弱关系寻求情感支持。

然而，与对社会关系功能的广泛关注相比，对关系强度指标的讨论并不深入。在 Granovetter 的研究中，关系的强度由四个指标来衡量：（a）花费的时间；（b）情感强度；（c）表现为相互信任的亲密关系，以及（d）互惠性服务。基于这四种测量的组合，社会关系通常被分为三种类型：强关系、弱关系和潜在关系。Granovetter 在文章中还呼吁进一步讨论这四个指标的可操作性和权重。然而，这一呼吁直到1984年才得到回应。Marsden 和 Campbell（1984）的研究并没有考虑互惠原则，而是宣称关系强度包括两个基本维度：第一，在一段关系中花费的时间，其中包括关系的持续时间和联系频率；第二，关系的深度，这与亲密和情感强度有关。基于调查结果，他们认为作为关系深度的一部分，亲密关系这一指标被证明比一段关系所花费的时间更能准确衡量关系强度。

我想补充的是，社会关系的概念和关系强度的指标在历史背景方面是暂时的，而在社会、文化背景方面又是流动的。它之所以是流动的，因为在不同的社会和文化中，关系的结合因素可能不同。例如，互惠是中国关系文化中的一个关键原则。指标也是暂时性的：Granovetter 对强关系和弱关系特征的描述受到当时信息通信技术的制约。在那段时期,社会关系是通过面对面的接触、信件和电话来维持的。今天,数字技术为人们提供了新的关系可能性。例如,在互联网的帮助下,强关系可以远程且不频繁地保持联系。在这种情况下,联系的频率并不一定能够反映出强关系之间的紧密性。

我们先来看拆解第一段文字:这一段的前半部分,作者基于社会关系的时间线,追溯了这一理论概念的昨天和今天,突出了Granovetter做出的里程碑式的贡献。请注意,它的篇幅短小,且重点明确。这一段的后半部分,作者反过来开始给Granovetter的里程碑研究挑毛病:接下来的研究发现,弱关系可能履行强关系的职能;强关系也可能会履行弱关系的职能。作为读者,我们读到这里,一定会有一个疑问:为何如此呢?

这段文字的第二段开始从关系强度的指标入手进行分析(大多数这一领域的既有研究都是量化的)。作者发现,不同研究者对于社会关系的测量指标,有着不同的理解,这可能让研究结论展现出非常不同的面貌。这在一定程度上回答了第一段后半部分展示的"断裂"。那么,回到这篇论文的坐标上,作者要怎样解决这个问题呢?

在第三段中,作者抛出了自己的观点:我们需要在研究社会关系时,更加强调这一概念的文化性和历史性。从文化性角度来讲,虽然Marsden和Campbell的研究认为互惠原则在关系强度的测量中并不重要,但在中国的关系文化中,互惠则可能是非常关键的问题。从历史性的角度来讲,彼时,研究者在考察社会关系时,社会关系主要是通过面对面和电话来维系的。此时,社交媒体在很大程度上改变了人们维系关系的方式。自然地,基于这两点观察,作者便得以顺利地过渡到自己的研究议题之上,也就是在社交媒体的语境下

（历史性），探索中国人的关系维护（文化性）。

在推进的过程中，还有一件事特别需要和你交代：既然是推进，那么，你的每一个引用，都应该留一个"后手"。这句话是什么意思呢？我们之前吐槽过一种"游街示众"式的文献综述。"游街示众"式的文献综述之所以不能帮你完成推进，主要是因为它犯了一个错误：你展示了这么多研究文献，却并没有指出这些文献有怎样的遗憾，或者从哪个角度启发了你。在"推进"的过程中，必须指明你引用的文献有何目的，这样一来，你才可以在后面有话说，才能"推进"你的论述。为了更好地理解这个观点，我们来一起读一段文字，这段文字节选自白红义和施好音（2022）的论文《"中间地带"的边界工作：基于创业媒体J播客的案例研究》：

在对本土新闻业的研究中,陈楚洁和袁梦倩(2014,2015)较早引入了边界工作的概念,讨论中国新闻记者对内驱逐"越轨者"、对外强调专业优势以重塑文化权威与合法性的话语实践,并将其应用于纪许光微博反腐这一具体案例。此后几年的研究也基本延续了这一特点,通常以某个具体的关键事件或热点时刻为案例,分析新闻业对此做出的反应。例如陈楚洁(2015)和白红义(2015b)的研究各自以"央视原台长杨伟光逝世"和"南都口述史"为切入点,研究记者社群如何通过纪念话语、集体记忆来建构职业边界。王源(2019)和曹林(2019)则分别以新京报新闻奖颁奖词和流量媒体制造的争议性"热点时刻"为例,分析传统媒体精英维系权威的边界工作。最近几年,研究者们也注意到新技术嵌入新闻业后对新闻边界产生的影响,以今日头条(刘双庆,2019)、UGC内容(黄春燕、尹连根,2022)、数据分析(王斌、温雨昕,2022)等为对象分析相应的边界工作策略。尽管边界工作针对的对象以及表现出的策略均有所不同，但这些研究讨论的从事边界工作的主体依然都是新闻媒体。

　　在阅读的时候，请你注意两个要点：

　　第一，这段文字引用了七篇既有研究论文，这些论文的共同点是什么？答案是"边界工作"这个概念。这里需要提醒你，当你在引用多篇论文论证一个观点的时候，通常会涉及从哪个角度给这些论文"打捆"的问题。一般来讲，我们"打捆"的逻辑，一定是找到这些论文的相同点，而这个相同点，很可能是它们研究了不同的对象，却使用了同一个理论概念。因此我们可以说，"打捆"往往以"要素"为基础，这里的要素可能是理论概念，也可能是研究对象。

　　第二，这段文字如果缺少了最后一句话，就会落入"游街示众"的写作陷阱中。但最后一句话成为了这段综述的"后手"，它强调"这些研究讨论的从事边界工作的主体依然都是新闻媒体"，这句话不仅从研究对象的角度，再次给这些文献"打捆"，更重要的是，它可以非常自然地引出下一段文字，也就是讨论"新闻媒体"之外的主体如何进行边界工作：

　　数字时代的新闻业正遭遇着更复杂的边界工作场景，不仅传统新闻业的边界工作效应正在减弱，而且在主流媒体之外，有更多主体参与进了对专业边界的争夺和协商之中，这也随即促成更多边界工作类型的出现。值得注意的是，已有少数研究者开始注意到新闻媒体之外的一些边界工作者。例如，有研究发现，受众会通过一些特定的修辞策略建构自己作为边界工作者的权威（Kananovich & Perreault, 2021）。尽管受众维护的依然是新闻业的边界，但这一现象表明，在数字新闻生态系统中，一些所谓的非新闻行动者也可以从事边界工作实践，直接影响着新闻边界的变动。创业媒体也是一类新兴边界工作主体，从这个角度出发，或许对新闻创新和新闻边界的研究都能有所推进。

在这段话中，你会发现，作者继续在进行"打捆"，不过鉴于关注到"新闻媒体之外的一些边界工作者"的研究并不多，所以作者只引用了一篇论文，简述了受众如何进行边界工作，并用这一篇论文推导出"非新闻行动者也可以进行边界工作"这一观点。这个观点的价值是什么？别忘了，这篇论文研究的是播客这样的创业媒体，这也就意味着，作者可以用边界工作作为理论概念，去思考播客从业者的工作实践。你可以把这两段连起来再读一遍，会特别有助于你理解论文写作如何在一次次"打捆"中进行逻辑推进。

连　接

我和你分享了文献综述中，研究者如何界定一个概念，并推进我们对于这个概念的理解。不过，需要特别提醒的是，一项成熟的研究，往往会展示出更复杂一些的逻辑。例如，它可能包含了不止一个理论概念，或者关注了不止一个理论视角。如果是这样的话，研究者就需要在界定和推进的基础上，继续把这些理论概念进行**并置和连接**。

我们来举个例子。任围等人（2021）在《风险感知与防疫行为：新冠疫情背景下社交媒体与权威媒体的多元作用对比》这篇论文中，便采取了并置和连接的文献回顾方法。他们关注了两个问题：第一，不同媒体的接触（权威媒体 v.s. 社交媒体）如何影响人们的防疫行为？第二，在这种影响的路径中间，风险感知起到了怎样的中介作用？稍加总结，我们不难看出，这篇论文的关键理论概念共有三个：媒体类型、防疫行为、风险感知。相应地，在文献综述的结构安排中，作者也采取了三段结构：

（一）媒介使用的差异性效果。作者从"宽"叙述不同类型的媒体接触如何产生不同的效果。

（二）媒介使用与预防行为。作者从"窄"叙述不同类型的媒体接触如何产生不同的预防行为这一具体效果。

（三）媒介使用、恐惧与感知严重性。作者在研究思路的设计上，将风险感知作为中介变量，插在了媒介使用与预防行为之间。那么，在这一部分的叙述中，作者便进行了两项连接：第一，媒介使用如何激发风险感知；第二，风险感知如何导致预防行为。

最后，作者基于这些概念的并置和连接，形成了自己的研究路线图：

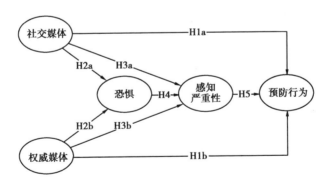

说到这里，我们插播一个你可能出现的疑问：仅就任围等人的这篇论文来说，"新冠"算不算理论关键词？要不要在文献综述中提到？对于这件事，我在下一讲中会更详细地和你解释，在这里，我先仅就这个具体的案例给你一个答案：新冠并不能算作一个理论性概念。因此，作者把"新冠"相关的信息，放在文章的导言中，作为背景介绍。

插播之后，我们重新回到主线上。在并置和连接的写作逻辑中，经常会出现**线索转折**，也就是说，一些论文会把文献综述分为两部分：第一部分阐释之前的研究视角，并基于这些阐释，指出这种研究视角的缺陷；第二部分会提出自己的研究视角，来弥补上述的缺陷。周逵和何苒苒（2021）的论文《驯化游戏：银发玩家网络游戏行为的代际研究》是一个很典型的例证。

老年人打游戏本身就是一个很有趣的话题。我们可能会对身边的年轻人打王者荣耀习以为常，但如果我们身边的爷爷、奶奶也开始打野上分，可能还是会让我们感到陌生。你可能会问，他们为什么会打王者呢？这个问题是一个很好的起点。略作调查，你可能还会发现，银发玩家的游戏使用绝不仅仅是孤立的个体行为。例如，很多爷爷、奶奶会和自己的孙子、孙女一起开黑，或者是，他们的游戏行为会被身边的子女鼓励或阻止。因此，周逵等人在这篇研究中便提出了这样一个问题：

本文尝试探讨银发玩家及其家庭系统对于网络游戏这一数码科技进行"驯化"的过程中，如何受到社会文化因素以及老龄化过程的影响，如何为网络游戏共同建构新的意义，使网络游戏以及玩的生活实践融入家庭日常生活经验和意义系统之中。

请注意，这里面出现了一个学术概念，叫做"驯化"。简单解释一下，这个理论概念的意思是：我们如何像把野猫驯化成家猫一样，把一种新媒介嵌入到既有的家庭生活常规之中。如果这是两位研究者选择的理论"抓手"，那么，他们可不可以直接一上来，就开始综述驯化理论呢？事实并不如此，相反，这篇论文为我们展示了一个更加从容，也更具对话性的逻辑。我用两句话来和你总结：

第一，作者首先梳理的，是既有研究者是如何思考银发玩家这一群体的。不过很遗憾，对于"老年人打游戏"这个话题，既有研究的数量并不多。这种情况如何处理呢？不要忘记，我们完全可以"向后退一步"：电子游戏是一种数字化技术，如果我们退一步去寻找老年人和数字技术的论文，显然会发现不少既有研究。自此，作者找到了对话的对象。

第二，在综述"老年人的数字化技术使用"这一问题之后，作者找到了既有研究的缺陷。这是"然而"。再进一步，作者要证明驯化理论的介入恰好可以弥补这些缺陷。这便顺利过渡到了"因此"。总结下来，这篇论文的文献综述实际上被分为了两个部分：（1）老龄化与数字化实践；（2）驯化理论。

请注意，到这里还没有结束。我们不仅需要"拆分"，更需要把这两部分有机地整合在一起，避免它们成为完全没关系的"两张皮"。这个整合的工作，往往会出现在第一部分的最后一段，和第二部分的第一段。我先把这两段文字呈现给你：

（一）老龄化与数字化实践
......
总的来说,现有研究以偏描述性的视角探索了银发玩家群体对于游戏的参与模式以及后续影响。但是目前针对银发玩家的研究仍然存在许多欠缺:首先,较少研究银发玩家接纳游戏的过程如何与他们的衰老状态互相影响。其次,较少将他们的游戏行为视为一个动态的不断发展的过程，而是选择使用一种较为静态的方式去看待。另外，家庭系统，尤其是子女对于老年人接纳网络游戏的过程的影响未得到充分论述。

（二）驯化理论

驯化理论提出于电视媒介普及过程中家庭化场域中的权力与文化交锋、冲突与协商。Silverstone，Hirsch 和 Morley（1992）认为家庭不仅仅是经济和人口统计学单位，更是文化互动场域，家庭系统中的个体成员因为性别政治、价值观念、社会身份以及各自的生命阶段，使得围绕着电视媒介使用的互动充满了丰富的文化内涵。驯化理论将社会群体对于科技的接纳比喻为动物的驯化过程，即将"野生科技"转化为"家养"的过程。对于新科技的使用，就像野生动物一样，必须加以驯化才能在既有的家庭结构和时空环境中被融入。因此，驯化作为一种隐喻突出了"物的社会生命"，是一种"物的人类学"（anthropology of things）。

……

你可以看到，这两段话的价值，实际上分别对应着的，就是我们之前所讲的"然而"和"因此"。在第一段中，作者批判性地总结了既有关注老年人与游戏使用的研究存在着哪些不足。请注意，不足当然可能很多，但作者在这里提到的不足，是要踩在"点"上的。所谓的"点"，就是接下来引出的理论视角可以解决的地方。你不能说一大堆驯化理论也无法解决的缺陷。

定位这些不足之后，在接下来的第二部分中，两位作者单刀直入，提出了引入驯化理论的价值——驯化理论擅长解决的问题，是

"家庭化场域中的权力与文化交锋、冲突与协商"。你会发现，这恰恰对应着他们在第一部分结尾处阐明的既有研究缺陷。这样读下来，你会觉得两位作者的"GAP"提得到位，解决方式也合理。这个研究是值得做下去的。

我们再来看一个例子。这篇论文是我和叶蓁（2021）共同完成的，题目叫做《做主播：一项关系劳动的数码民族志》。与前两个例子略有不同，我们在文献综述中，其实嵌套了两层"GAP"。

第一层GAP是：说到网络女主播这个话题，既有研究常常会借助"情感劳动"这个概念工具，我们觉得并不完全妥帖，因为情感劳动往往是一次性的、一对一的。比如空姐在服务中对你展露的微笑，而你很可能是第一次，也是最后一次见到这个空姐。相对而言，直播用户对于女主播的守护却是长时间的，主播在工作中需要面对的用户，也不止一个。更重要的是，女主播不仅要付出情感的亲密，还要在很多其他方面进行劳动，比如对于核心观众的认知——他喜欢什么、生活有什么规律、有什么消费习惯……这些问题都远远超过了情感这一范畴，因此，我们用"关系劳动"代替了"情感劳动"，对女主播这一群体进行考察。

第二层GAP是：当我们引入了关系劳动这一概念时，发现它同样是不完美的。一言以蔽之，关系劳动的研究往往缺少对于技术环境和职业环境的考察，换句话讲，就是"只见树木、不见森林"。我们要把这个森林补上。森林在哪里呢？我们认为，女主播的关系劳动，一方面被直播平台的技术界面所引导，另一方面则会受到直播公会的训练和软性控制。把这两个方面结合在一起，恰恰对应着文化生产的平台化这一研究领域。至此，我们就可以尝试把"关系劳动"和"平台化"这两个概念加以整合，提出"关系劳动的平台化"

这一理论框架。

下面一段引文，处理的是如何连接"关系劳动"与"平台化"这两个概念。同样，请注意这两部分的拆分和咬合：

（一）从情感劳动到关系劳动

……

Baym 对于关系劳动的界定为我们理解秀场主播群体提供了一种新视角。不过，这一分类并没有把音乐家与粉丝的关系放置在更为宏大的技术环境和职业环境之中进行考察。对此，Dunmont（2017）批评说，在理解网络名人与粉丝之间的关系塑造时，研究者必须充分重视其中出现的多元行动者，其中一些行动者还会躲在幕后发挥作用。例如，通过对登山运动员和粉丝之间在社交媒体中的互动关系进行考察，Dunmont 认为，赞助商的压力是必须被考虑在内的因素。相仿地，本研究亦认为，理解主播对观众进行的关系劳动，也必须考虑这种关系发生的具体技术环境和行业环境。

（二）关系劳动的平台化

为了弥补"关系劳动"这一概念本身存在的缺陷，本研究进一步将主播所进行的关系劳动放置在"平台化"（platformization）的学术背景中进行讨论。Srnicek（2017）认为，平台的本质在于作为连接客户、广告商、生产商等不同用户群体的中介，通过为用户群体提供一系列工具和服务，发展自己的业务和市场。换言之，平台"本身不生产产品，而是依靠其引导社会关系网络形成的中介能力来获取收益（林怡洁、单蔓婷，2021）。Lin 和 de Kloet（2019）则进一步指出，中国新近崛起的短视频直播平台（例如快手、抖音）正体现了文化生产的快速平台化

（platformization）这一趋势。

……

让我们借助这段引文再次回顾一下"然而……因此……"的综述逻辑。在第一部分的末尾，我们承认 Baym 提出的关系劳动（相比情感劳动）提供了一个更完善的概念工具，不过，我们同时也强调它忽略了劳动者所处的技术和职业环境。在第二部分的开头，我们为了弥补关系劳动的缺陷，进一步指出了平台化这一概念工具可能带来的帮助。除此之外，为了让"平台化"这一概念与"女主播"这一职业实践连接得更加紧密，我们同样需要借助到"从宽到窄"的思路。因此，这也就是为什么，在这部分引文的最后，我们引用了 Lin 和 de Kloet 的论文，证明短视频直播平台体现了文化生产平台化的趋势。

● 小　结

在这一讲中，我们处理的问题是如何"找GAP"。本讲从"道"和"术"的角度展开这一话题。从"道"来讲，"找GAP"集中体现了学术研究的两个重要特质：一方面，研究者要和既有研究"对话"；另一方面，研究者要在既有研究的基础之上进行"推进"。面对一个研究问题，初学者经常会遇到的问题是，找不到对话的理论对象，这时，在关注现实中发现一个侧面的本质，是我们必须要进行的工作。当然，在对话的过程中，我们也需要使用一些技巧，来思考我们可能做出的贡献，其中包含且不限于以下三种思路：曾经是什么，现在是什么？彼岸是什么，此地是什么？正向是什么，反向是什么？

当我们寻找到一项研究的"GAP"，接下来的工作，便是把一句话的 GAP 落实为篇幅更长的文献综述。其中至少有三个工作需要我们完成：界定、推进和整合。如果你是论文写作的初学者，那么，在这三个方面中，我和你介绍的一些原则和技巧，完全可以被你应用在自己的论文写作中。当然，正如我所一直强调的，对于成熟的研究者来讲，他们会在这些原则的基础之上，发展出更灵活，也更适合具体研究的技巧。通过训练，我相信你也一定可以。

你会发现，在我们对文献进行综述之时，理论和实践并不是分离的。例如"从宽到窄"这个技巧的核心，就是将一个宽泛的理论与一个狭窄的实践进行连接。事实上，经验研究论文的工作，从一个侧面来讲，就是研究对象与理论的"双向奔赴"。这种奔赴会贯穿整篇论文，同时也是我们下一讲要讨论的问题。

● 参考文献

白红义 & 施好音.(2022)."中间地带"的边界工作：基于创业媒体 J 播客的案例研究. *新闻记者*(12),16-29.

董晨宇 & 段采薏.(2020).反向自我呈现：分手者在社交媒体中的自我消除行为研究. *新闻记者*(05),14-24.

董晨宇 & 叶蓁.(2021).做主播：一项关系劳动的数码民族志. *国际新闻界*(12),6-28.

任围,朱晓文 & 胡怡.(2021).风险感知与防疫行为：新冠疫情背景下社交媒体与权威媒体的多元作用对比. *国际新闻界*(05),23-42.

韦路 & 王梦迪(2014).微博空间的知识生产沟研究:以日本核危机期间中国网民的微博讨论为例. *传播与社会学刊*(27),65-99.

周逵 & 何苒苒.(2021).驯化游戏:银发玩家网络游戏行为的代际研究. *新闻记者*(09),72-85.

Bucher, T. (2012). Want to be on the top? Algorithmic power and the threat of invisibility on Facebook. *New Media & Society*, 14(7), 1164-1180

Gran, A. B., Booth, P., & Bucher, T. (2021). To be or not to be algorithm aware: a question of a new digital divide?. *Information, Communication & Society*, 24(12), 1779-1796.

Grieve, R., & March, E. (2021). 'Just checking': Vulnerable and grandiose narcissism subtypes as predictors of phubbing. *Mobile Media & Communication*, 9(2), 195-209.

Ho, S. S. (2012). The knowledge gap hypothesis in Singapore: The roles of socioeconomic status, mass media, and interpersonal discussion on public knowledge of the H1N1 flu pandemic. *Mass Communication and Society*, 15(5), 695-717.

Jaynes, V. (2020). The social life of screenshots: the power of visibility in teen friendship groups. *New Media & Society*, 22(8), 1 378-1393.

John, N. A. (2013). Sharing and Web 2.0: The emergence of a keyword. *New Media & Society*, 15(2), 167-182.

Lisha, C., Goh, C. F., Yifan, S., & Rasli, A. (2017). Integrating guanxi into technology acceptance: An empirical investigation of WeChat. *Telematics and Informatics*, 34(7), 1125-1142.

Meng, J., & Dai, Y. N. (2021). Emotional Support from AI Chatbots: Should a Supportive Partner Self-Disclose or Not?. *Journal of Computer-Mediated Communication*, 26(4), 207-222.

O'Sullivan, P. B., & Carr, C. T. (2018). Masspersonal communication: A model bridging the mass-interpersonal divide. *New Media & Society*, 20(3), 1161-

1180.

Sun, P. (2019). Your order, their labor: An exploration of algorithms and laboring on food delivery platforms in China. *Chinese Journal of Communication*, 12(3), 308-323.

Trilling, D., Tolochko, P., & Burscher, B. (2017). From newsworthiness to share-worthiness: How to predict news sharing based on article characteristics. *Journalism & Mass Communication Quarterly*, 94(1), 38-60.

Zeng Skovhøj, F. H. (2021). Managing everyday communication with strong, weak, and latent ties via WeChat: Availability, visibility, and reciprocal engagement. *Mobile Media & Communication*, 9(3), 513-530.

Zhao, L., & John, N. (2022). The concept of 'sharing' in Chinese social media: origins, transformations and implications. *Information, Communication & Society*, 25(3), 359-375.

第三讲

搭连接

我们这本书讲的是如何写作经验研究论文。所谓"经验",意思就是研究者要通过获取现实世界中的材料,来提出理论假设。这也意味着,在经验研究中,现象和理论二者缺一不可。我们在第二讲中重点关注的是如何建构属于自己的理论框架,也就是所谓的"找GAP"。在这一讲中,我们会在此基础之上再加入一个因素,也就是如何把找到的GAP,借助具体的现象加以研究,以及二者之间又应该具有怎样的逻辑关系。

在这一讲的开篇,我们不妨直接给出一个简单明了的结论。在我看来,在一篇论文中,理论和现实的理想关系就是"双向奔赴"。这个词显然出自饭圈,我们经常说,明星与粉丝会"双向奔赴"。用这个词来形容理论和现实的关系,我觉得再恰当不过。在这一讲中,我们会大致讲两件事。首先,比喻仍旧只能停留在意会的层面,我必须借助具体的研究案例,和你解释二者究竟为何要在一篇论文中"双向奔赴"。换言之,研究者需要向读者做出解释:为什么要用这个现象,来讨论那个理论?反之亦然,为什么能把这个理论,放置在那个现象之上?

当然,以上这些简要的阐述仍旧停留在理念层面。在本讲的第二部分,我们则会把这种双向奔赴落实在论文的各个角落上。请一定记住:一旦我们决定把特定的现象和特定的理论绑在一起,就不要给读者"脱线"的感觉。那么,具体我们该怎么进行这个工作呢?我会截取论文的三个部分,也就是导言、文献综述和讨论,来和你解释如何让理论和现实结合得更加紧密。最后你会发现,好的研究往往是一个首尾相连的"圆"。

● 连接之道:理论与现实的双向奔赴

首先我们来聊聊理论和现实为何要双向奔赴。为了理解这件事,我们必须先就实证研究的基本逻辑做出一些说明。简单来讲,实证研究中存在着归纳和演绎的不断循环。说到这里,就出现了两个概念:何为归纳?何为演绎?只有明白了这两个概念,我们才可以更清晰地了解理论和现实之间紧密纠缠的关系。

归纳与演绎的循环

先说归纳。归纳是一种从个别到一般的思维方式。通过对个别的抽象和总结,研究者得以发现一般的规律,也就是生产出理论。例如,议程设置理论的提出者麦库姆斯和肖(McCombs & Shaw, 1972)收集了两组数据,一组是媒体报道了什么议题,另一组是公众关注什么议题。他们发现媒体报道了什么,公众就倾向于认为什么重要,哪怕客观上很难说这些内容更加重要。这就形成了传播学历史上著名的论断:大众媒体在决定人们想什么方面作用巨大。

请注意,麦库姆斯和肖的研究绝不可能仅仅是基于一个媒体,否则他们可以得到的，也仅仅是一个案例的发现，而且这个发现很可能是个别的、偶然的。实际上，他们收集的媒体既包括《达勒姆晨报》这样的地方性报纸，也包括《纽约时报》这样的全国性报纸。不仅如此，这份研究的样本中还包括了杂志（例如《时代》周刊和《新闻周刊》）和电视晚间新闻（例如 NBC 和 CBS）。这样一来，麦库姆斯和肖实际上是基于不同的"个别"，扩展到一个更具有"一般"性的结论，也就是建构出了议程设置理论。

再说演绎。如果说归纳是从个别到一般，那么演绎则是从一般到个别。我们继续讲议程设置理论。这个理论被提出之后，引发了全球性的关注。很多国家的研究者，包括中国在内，都尝试将议程设置理论放在自己国家的政治文化语境中进行验证。例如，李本乾和张国良（2003）便在中国开创性地复制了这一研究。一方面，他们对上海和云南两地668名受众进行了问卷调查；另一方面，他们又对《人民日报》和两地的机关报、晚报做了内容分析。结果发现，在宏观层面（例如经济、社会、政治等），受众议程与大众媒体议程显著相关；但在微观层面（例如社会治安、加入世贸、就业问题）二者的相关性却比较低。换句话讲，在这份从一般到个别的验证性研究中，两位作者部分证实了议程设置理论，又部分推翻了议程设置理论。

不过，这仍旧没有结束，因为在"个别"的数据中，两位作者继续通过分析，发现了中国语境中议程设置理论的"阶梯规则"。简单来讲，就是如果我们把受众的议程分为四个阶梯——个人议程、社区议程、地方议程和国家议程，那么，受众议程每提高一个层次，它与媒介议程的相关性也会得到相应的提高。通过这个规律的发现，两位作者事实上又进行了从个别到一般的"归纳"。

人们常说，学术研究是一个反复循环的"圆"。研究者"归纳"了一个理论后，如果这个理论打动了后续的研究者，那么，之后就很有可能会出现"演绎"它的论文。在演绎之后，研究者还会归纳出新的理论，这既可能是对于原理论的修补，也可能是对原理论更为彻底的颠覆。在这种循环中，学术研究一步一步地接近真相，即便我们或许无法最终抵达。当然，这里还是需要提醒大家，在实际的研究中，其实有很多死胡同，也被称为"dead ends"。你或许兴致勃勃地归纳出了一个新理论，但是自此之后无人问津。这也是再正常不过的事情。

双向奔赴的三个问题

说到这里，我们解释了为何实证研究是一个归纳和演绎的不断循环。你会发现，其中不断碰撞的，就是理论假设和现实素材。我们把这种碰撞总结为"双向奔赴"。当我们谈到"双向奔赴"时，包含了至少两个方面可能的思路（虽然在实际研究中情况可能会更复杂一些）：一种可能是，我通过文献找到了一个可能的GAP，接下来，我想要为它配置一个研究对象；另一种可能是，我通过观察抓住了某个有趣的现实，接下来，我想要寻找一个可以切入这个现实的理论视角。不论是哪个角度，一个好的研究，都需要把现象和理论进行匹配。

我们来看一个比较简单、直接的案例。对于社会科学的学习者，欧文·戈夫曼的名字一定不会陌生。他的早期著作《日常生活中的自我呈现》恐怕是各位的入门读物。不过，戈夫曼在研究生涯后期还写过一本重要的作品，叫做《性别广告》（*Gender Advertisement*），聚焦广告中的性别刻板印象。这是一本具有女性主义气质的作品。不过，戈夫曼的分析对象仍旧局限于印刷品上的图片广告。那么，如果我们把他的观点移植到社交媒体上，该选择哪个具体的社交媒体呢？如果我给你三个选项：Facebook、Twitter 和 Instagram。你会如何选择呢？Butkowski 等人（2020）在研究中面临着同样的问题。他们是这样来展开论述的：

> 戈夫曼（1979）将性别差异的中介化描述视为潜在地反映和强化性别化的社会等级，他认为这种性别化的社会等级在生物学上并没有依据。通过对数百个平面广告的视觉社会学分析，他概述了六个基于姿势、构图和风格类别的类型学划分，这些类别反映了媒体中性别展示的高度仪式化，或性别互动的规范化惯例（Smith，2010）。戈夫曼的工作与后来的性别权力关系理论产生了共鸣……性别呈现的分类已成为媒体中性别刻板印象研究的核心，例如印刷广告、音乐视频和其他文本。
>
> 虽然众多内容分析都已经表明大众媒体上存在持续的刻板化的性别呈现（Belknap and Leonard, 1991; Lindner, 2004），进一步的研究则暗示相似的性别呈现也出现在社交媒体的图片中，对于那些年轻女性和女孩的图片尤其如此（例如 Baker and Walsh, 2018; Tortajada et al., 2013; Willem et al., 2011）。例如，Doring 等人（2016）发现 Instagram 自拍中就包含了比广告中更多的刻板的性别姿势，男性跟女性在自拍和广告中的性别表演的差别因此显现出来。相较之下，本研究则强调 Instagram 上的年轻女性更倾向于模仿视觉媒体文本中的女性理想。

读完这段话，或许你会回忆起某些上一讲中曾强调过的技巧。

例如，这一段文献综述遵循了"从旧到新"的展开逻辑。作者先从戈夫曼对于平面印刷品的分析开始回顾，然后提到了更多类型的媒体，例如音乐视频。接下来，作者又把类似的分析更新到了社交媒体。这一段文献综述也遵循了"从宽到窄"的逻辑。在讲完了社交媒体中的性别刻板印象之后，作者援引了 Doring 等人对于 Instagram 的研究，陈述了其贡献。最后，作者提出了自己想要进一步研究的问题。纵观整段文字，作者希望可以说服读者两件事：戈夫曼对于图片的性别分析需要被移植到社交媒体来进行，而 Instagram 作为一个图片分享 APP，特别适合来进行这个研究。自此，理论与现实完成了相遇。

第二个例子是我和段采薏（2020）一起合作的一篇论文，研究分手之后的人如何处理微信中的情感残骸。我们的理论抓手仍旧是戈夫曼，不过，这一次来到了"自我呈现"这个概念。我们的思路是这样的：社交媒体的可储存性特质，让关系痕迹并不会自然消失。举个例子来讲，我在现实中和朋友说一句话，在我说完之后，这句话便随风消逝，不会留下任何痕迹。但在社交媒体上，如果我们想要让它消失，则往往需要进行特别的处理，也就是删除。除此之外，当我们删除一条信息的时候，删除本身也承载了意义，比如我删除一条微博，可能是因为我觉得它不再适合被别人看到。因此，我们将自我消除看作是一种社交媒体时代特殊却普遍的自我呈现策略。

那么问题来了，我们该将这样一种理论思路放置在怎样的现实中进行检验呢？换句话说，思路有了，我们接下来应该用自我消除去分析什么？这是需要费一点脑子来做决断的。要知道，这种自我消除行为会发生在很多的情境之中。例如一个人从高中毕业，读大学之后，往往会关闭自己的 QQ 空间，或者把里面的内容删除一大半，这是一种自我消除；一个人大学毕业，正式工作之后，也可能会有意识地删除一些曾经发在社交媒体上的信息，不希望被自己的领导和同事看见。

在现实中，自我消除发生的情境是多元的。这可是好事，正因为它多元，我们的研究才可能更重要。不过，这也会造成一些困扰，我们必须选择一个独特的情境来展开研究。我们最后选择了"分手者在微信中的自我消除"，来实现理论和对象的相互奔赴。一旦做了选择，我们便需要向读者和匿名评审解释两个问题：为什么是分手？为什么是微信？

分手为我们理解自我消除提供了重要的情境,其原因在于:(1)作为一种被普遍经历的紧张事件,分手会在相当一段时间内,引起苦恼、抑郁、焦虑、脆弱等负面情绪,当事人也需要因此进行身份的更替和重建;(2)在社交媒体的语境之下,人们处理分手事件的策略发生了改变,这主要是因为分手在一定程度上也被技术中介化了,分手者不仅要在线下说分手,还不可避免地要在线上处理感情残骸,其中,消除便是一种重要的补救性行为。

在第一讲中我们谈到过，一个研究问题需要具备足够的困境感。我们选择分手者作为研究对象，第一个原因便是分手这种负面情绪比较强烈的经历，会使分手者有足够的动机进行自我重塑，其中，自我消除又会成为一种重要的、可见的方式。第二个原因，社交媒体中的恋爱痕迹是大多数人不得不面对和处理的新问题。基于这两个原因，我们选择了分手。那么，为什么是微信，而不是其他社交媒体呢？

需要说明的是，在诸多社交媒体之中，本研究选择微信作为"消除行为"最主要的观察对象，其原因有三：(1)微信是中国目前渗透率最高，使用率最高的社交媒体。在访谈中，所有的被访者都指出使用微信最频繁，他们在微信上与前任进行日常交流，留下聊天记录，相对公开的恋爱痕迹也在朋友圈发布居多。(2)微信本身提供了一系列多层次的消除功能：用户既可以直接删除自己的朋友圈、好友和聊天记录，也可以选择通过降低可见性的方式进行自我消除，例如将特定朋友圈设为自己可见，将整个朋友圈设为一个月可见、三天可见等。(3)微信可被视为一款熟人社交媒体，多数用户会通过微信与各种不同的强社会关系/弱社会关系进行联结，因此，在分手之后，这些数字痕迹可能更会造成显著的身份展演危机。

我们在这一段中给出了三个原因。第一是微信的渗透率高。这几乎是所有选择微信作为研究对象的论文都会提到的一点。第二是它可以辅助自我消除的功能是多元的。如果功能太过单一，我们分析的"张力"就会变差。反过来讲，多元的功能有助于帮我们呈现出不同维度的自我消除。第三是微信是一款熟人社交媒体，这会给分手者带来更显著的身份展演危机。换句话讲，微信是困境的"主战场"。三个理由共同说明了为什么要选择微信这个平台研究分手消除行为。

说到这里，让我们略作总结。在理论和现实的相互奔赴中，我们需要至少回答三个问题。

第一个问题，我的研究对象可以帮助我解决所关心的理论问题（GAP）吗？

第二个问题，我选择的理论问题（GAP）可以帮助我理解这个研究对象吗？

这两个问题解决的就是理论与现实之间彼此的"适配性"。第一个问题实际上在寻找的是"so what"。第二个问题更多地是在寻找"who cares"。不过，如果我们只是关心分手者如何删朋友圈，大概率会遭到一些研究者的质疑："这个题目太小了！它不重要！"虽然坦白来讲，我并不同意这种说法：分手为什么不重要？当然重要了。比如说，在心理学领域，分手后的心理恢复（post-breakup recovery）就是很常见的研究话题。举个例子，你是否想过，一个人在分手之后，利用小号监视前男（女）友的微博，这种行为会让她（他）更难走出来？研究者把这件事的心理机制搞明白，便可以对日常的生活现象，从学术研究的视角来启发思考。当然，我很早就明白，我是无法说服这些怀有质疑的研究者的，其中的原因并不是我们谁对谁错，而是我们秉持并从属于不同的研究文化。家国天下和五谷杂粮的冲突，或许其实只是一场伪争论。

不过，抛去这些争论不谈，我们似乎可以从另一个角度来想这个问题。我们对于一个"小切口"的探索，可否有机会实现更大的价值？我在读书的时候，曾听到老师如此描述一个好题目的样貌：大题小做、小题大做。所谓"大题小做"，就是把一个经典的，甚至涵盖面积甚广的理论聚焦到一个小的现象上；所谓"小题大做"，则是通过研究这个小的现象，来映射更为广泛的议题。因此，我们在进行理论和现象的对接时，还可以继续追问：

第三个问题，我们的研究对象可否有更广泛的解释潜力？

如果说前两个问题关注的是"适配性"，那么第三个问题关注的就是"重要性"。换言之，第三个问题关注的是"why it matters"。在我们这篇关注"分手"的论文中，讨论部分写下了这样一段话：

本研究所聚焦的"分手"这一事件，从属于一种典型的生活变迁，因为分手者往往需要面对现实生活的重大变故，以及自我形象和社会关系的展演危机。既有研究证明，重要的生活变迁会对人们的社交媒体使用产生影响，生活变迁中的自我呈现已成为重要的研究议题，例如人生不同阶段、与情侣分手后、亲人逝世后、孩子出生后等。本研究通过对分手这一紧张事件的考察，认为当生命变迁严重威胁到人们既有的自我身份时，自我消除可能会成为重要的自我修复策略，这部分因为自我消除从象征意义上代表着更替和成长，这与生命变迁中人们经历的角色转变不谋而合。

这段话尝试为"分手"这一现象赋予更重要的意义。分手这一事件本身从属于我们每个人都会经历的"生命变迁"（life transition），更准确地讲，分手是一种往往具有负面体验的生命变迁。我们讨论完分手者的自我消除，进一步希望说明的是，这一案例有潜力被扩展到生命变迁的讨论中，这就为"分手"提供了超越它自身的、更深远的意义。

接下来，我将把这种双向奔赴的理念，落地为具体的操作方法。理论和现实的相互纠缠一定会贯穿整篇论文。不过，我认为在三个地方，这种纠缠尤为强烈和重要：第一个地方是导言，第二个地方是文献综述，第三个地方是讨论。我们一个一个来聊。

● 导言：在现实和理论的碰撞中提出问题

这一部分想和大家聊的问题是，如何在导言中实现现实与理论的碰撞，但其实我们在谈论的话题也可以被总结为五个字：导言怎么写？

导言是做什么用的？

为了弄清楚这个话题，我们先要对导言的功能做出一些基本的介绍。所谓导言，也就是用一定的篇幅（一般是一两页），来对论文做出先导性的介绍。打个比方，这有些类似于你去游览一个公园，买票入场之后，你往往首先会看一下整个公园的地图：你位于入口，你选择的路线继续走下去，你会看到什么景观。让我们从这个比喻中跳出来，继续思考论文写作这个问题。导言作为论文的游览地图，也同样为读者提供了关于这篇论文最基本和浓缩的信息：读者会期待在这部分中知道这篇文章研究的问题是什么，是在什么背景下研究这个问题，为什么要研究这个问题，或许你还想知道整篇论文的布局是怎样的，以便在接下来的阅读中对"自己行进到了哪里"这个问题心中有数。

正如我们之前提到的那样，经验研究本身的逻辑便是理论与经验的碰撞，那么你一定希望首先粗略地理解这样的碰撞是如何发生的，以及为什么一定要发生。在这里，实际上我们又回到了第二讲中的核心问题：找 GAP。同样，导言也一定是围绕 GAP 去展开的。不少学生会问我，这样一来，导言和文献综述不就重复了吗？这样的重复是经常发生的，不过，如果说文献综述需要条分缕析、步步为营地展开整个 GAP 的逻辑，那么，导言所起到的作用，往往是用极其精练的笔触，将整场碰撞浓缩为一段文字展示给读者看。

如何写作一份导言

为了更详细地理解导言的写作，我们不妨先看两个例子，并尝试总结一些共性。希望我们可以从这两个例子中明白两个事情：第一，导言部分必须写什么？第二，导言部分可以选择性地写什么？第一篇是潘文静和她的合作者们（2017）发表的一项量化研究，关注网络健康支持论坛中社会支持的互惠性。这篇论文的导言篇幅很短，但"五脏俱全"，非常适合我们理解导言的写法：

①互联网已经成为一个健康相关信息和社会支持的重要来源，16%的网络用户会选择去网上寻找和他们有共同症状或者是有着相似健康问题的人，8%的人曾在网上发布过健康相关的问题或分享过他们自己的经历（Fox & Duggan, 2013）。②作为获得专业诊断和治疗之前的初步选择或替代选择，在线寻求支持和帮助最大限度地减少了向他人披露污名化疾病的尴尬，并为具有相关经验和专业知识的潜在支持者提供了一个更广泛和多样化的网络（Wright, 2016）。③大量研究表明，在线支持对个人应对压力和身心健康有积极影响（Green-Hamann, Campbell Eichhorn, & Sherblom, 2011）。

④之前的研究在以下方面提供了许多有价值的见解：个人使用在

线支持论坛的动机（例如 Chen & Choi, 2011; Chung, 2014）、在这类论坛中交换的支持信息（例如 Amsary & Powell, 2012; Rains, Peterson, & Wright, 2015），以及参与相关论坛对于健康的益处（例如 Batenburg & Das, 2015; Houston, Cooper, & Ford, 2002）。⑤然而，很少有研究调查在线支持论坛中支持交换的互动性和互惠性（例如 Cobb, Graham, & Abrams, 2010; Taylor & Greenfield, 2012）。⑥本研究以社会资本的理论框架为基础，运用社会网络分析方法，探讨网络支持论坛中交流的互惠性。⑦具体而言，我们通过以下方式实现这一目标：（1）利用在线论坛用户的支持提供网络来预测他们的支持获取网络；（2）研究论坛用户的桥接型/结合型社会资本与他们获得的支持之间的联系（从收到回复的长度和来源多样性来看）。

　　这份导言只有短短七句话，不过，每句话的意思其实都在层层推进。

　　前三句话在交代研究背景，也就是健康相关信息的社会支持在互联网上很常见、很重要，且已经被科学研究证明。

　　第四句话交代了既有研究关注的问题。请注意，这不仅仅是简单地罗列，而是在为自己的研究问题找"靶子"。

　　在此之后，第五句话实际上承担了找 GAP 的作用，我们可以从"然而"这个词略见一二。简单来说，既有研究关注的更多是社会支持怎样帮助别人、谁会提供社会支持，但很少有研究考察支持者与被支持者之间的互动性和互惠性。

　　在找到 GAP 的基础之上，第六、七句话交代了这篇论文的运用理论、方法，以及将要研究的问题。

　　这篇论文的导言很短，只有两段。不过，它却包含了这篇论文的背景、既有研究状况、存在的 GAP、这篇论文采取的理论、方法和研究问题。麻雀虽小,五脏俱全。当然,它之所以篇幅短小,最重要的原因是受到期刊投稿要求的影响。一般来讲,大多数期刊都会有一个最高字数的限制。如果你的论文需要更多字数,那么,这个导言中的每一句话,都可以进行适当的展开,或者我们也可以考虑加入更多的内容。

我们再来看一个例子。这篇论文我们在上一讲中提到过,研究的是中国人如何通过微信,管理他们的强关系、弱关系和潜在关系(Zeng Skovhøj, 2021):

①自 Granovetter1973 年发表著名的"弱关系的优势"以来,大量研究都把注意力放在了社会连接上。这些研究对扩展社会连接理论进行了广泛的尝试:一些研究考察了强联系和弱联系的不同功能(例如 Bian, 1997; Small, 2017);另一些研究了关系强度的测量方式及其精确性(例如 Jack, 2005; Marsden & Campell, 1984);还有一些研究探索了强关系和弱关系之外的其他类型的社会连接,例如数字连接(Haythorn-thwaite, 2002)。自 20 世纪 90 年代以来,媒介研究和传播学领域的学者加入了对社会连接的讨论,主要侧重于新的信息和传播技术如何影响了人们的社会连接和社交网络。其中特别值得注意的是,Haythorn-thwaite(2005)研究了强联系、弱联系和潜在联系之间在沟通方式层面的区别。

②传统上讲,强关系和弱关系之间的差异是通过定量方法来评估的。因此,这些研究通过发展关系强度的量化测量方法(例如 Marsden & Campbell, 1984),或者不同连接的沟通渠道的量化总结,来扩展社会连接理论。然而,像个人如何在心理上感知和实际依赖于不同的社会

连接这样的问题不容易量化。此外,我们无法从这些研究中了解人们如何以不同的方式与不同的社会连接进行具体的交流。这些传播实践背后的微妙考量很难通过调查问卷来研究。为了填补这一空白,本文采用定性研究的方法,旨在探讨以下问题:人们如何通过沟通来管理他们与强关系、弱关系和潜在关系的接触,以及人们如何评估特定社会连接的沟通实践是合适的?

③本文做出了一些实证和理论上的贡献。本文从以下三个方面对社会连接研究进行了拓展:第一,本研究揭示了不同的传播实践如何与所讨论的社会连接相联系。更具体地讲,本研究详细阐述了人们如何看待强、弱和潜在连接,同时形成差异化的策略,通过微信与他们沟通。其次,本研究指出社会连接理论具有文化依赖性。它揭示了(最初)西方社会连接概念在中国文化语境中如何被合理化,以及互惠原则如何在关系文化中被强调。最后但并非最不重要的是,通过探索人们如何通过消息进行协调、通过微信发布分享,本研究增强了我们对微协调(Ling & Yttri, 2002)和想象观众(Litt & Hargittai, 2016)的认识,并对远距离关系(例如弱连接和潜在连接)的商业化进行进一步反思。

④文章首先对社会连接和网络的研究进行了概述,介绍了中国的关系文化,并对微信这一中国重要的社交媒体平台进行了概述。文章的第二部分解释了民族志研究的研究设计:我们结合了日记与访谈,结合了最大变差抽样与网络抽样。在接下来的分析部分中,文章说明了受访者如何在微信上以不同的方式与不同类型的社交关系进行沟通。本研究将核心研究结论总结为三个主题:管理可用性、管理可见性、管理互惠性参与。在结论中,进一步讨论了本研究的理论意义和局限性。

这篇论文的导言部分被分为四段。

与潘文静等人的研究论文不同，这篇论文的第一段并没有直接介绍现实背景，而是"直击"理论，素描了"社会连接"这一研究领域的发展脉络。

对于这些脉络的简单梳理，直接导向了第二段的研究 GAP，也就是这些研究往往是通过定量方法来评估关系强度的，这种方法可能会忽略人际连接中的历史和文化语境（还记得吗？上一讲中我们引用这篇文章的片段，要处理的也是这个 GAP）。基于这个 GAP，在第二段的最后，作者提出了这篇论文的研究方法和问题，希望填补这一空白。读至此处，这篇论文的导言部分似乎和潘文静等人的研究类似（当然，前者省略了对于现实背景的介绍）。

不过，接下来的两段，则是它相对更为独特的部分。第三段从三个方面陈述了本研究的贡献，第四段为读者提供了这篇论文的一份"游览地图"。这份地图能让读者清楚地把握论文接下来的写作逻辑，同时也降低了匿名评审理解作者思路的成本。

讲到这里，我们可以对这两篇论文引言的逻辑做出整合。不难发现，不同类型的论文在引言部分虽然写法略有不同，但它们都在试图完成理论和现实的相互奔赴。为了完成这件事，导言中通常包含以下要素：

● 现实背景

● 既有研究脉络

● 研究 GAP

● 研究方法和问题

● 研究贡献

● 论文梗概

在我们的写作中，完全可以灵活运用这六个要素。例如，如果论文的字数要求较长，我就可以在导言部分写得详细一些，每个要素都花费 1-2 段的篇幅；如果论文的字数有限，那么，我完全可以把研究贡献和论文梗概略去。再例如，如果我的理论贡献是亮点的话，可以把现实背景写得简略一些；如果我对于现实的描述更具启发性，那么既有研究脉络和研究 GAP 这两部分就可以写得简略一些。当然，在论文写作的过程中，你完全可以逐渐总结更适合自己研究的写法，甚至形成自己的风格。我想指出的仅仅是这样一件事："背模板"并不能帮助你成为一名优秀的论文写作者。

在我们结束这一部分之前，还有一个经验要和你简单地交代一下：在论文中，导言会出现在正文的最开始；不过，在论文写作的过程中，导言却并不是最先完成的。恰恰相反，很多写作者习惯把导言放到最后才写，原因很简单，因为导言承担了统领全文的作用，你把后面的内容定稿了，导言在很大程度上，其实就是一个浓缩的工作，最后来写，写起来会比较快。

● 文献综述：理论与现实的交融

接下来，我们继续说理论和现实的第二次相遇：文献综述。这其实是我们上一讲讨论的话题。在这里，我会基于找 GAP 的逻辑，进一步和你分享如何让理论和研究对象之间彼此交融。展开来说，我希望强调两件事:第一,理论综述飞得再高,最后也请务必回到研究对象之上,换言之,理论综述需要"贴地飞行"。第二,对于研究对象的介绍(如果必要的话),也请务必抓住理论"飞行"的方向。

理论需要"贴地飞行"

理论需要贴地飞行,这里的"地",就是研究对象。读到这里,你可能会回忆起第二讲中我们讲述的"从宽到窄"的文献梳理技巧,两者的确有很紧密的联系。贴地飞行的意思是,在文献综述中,理论的梳理无论多么天马行空,最后也一定要贴住论文关注的具体现实。我们拿《做主播:一项关系劳动的数码民族志》这篇论文来举例子(董晨宇、叶蓁,2021)。我们在投稿的时候,收到了匿名评审老师一条意见:你们要证明关系劳动这个概念比情感劳动更适合研究主播。请注意,这条意见其实暗含了两个要求:第一,你要详细区分关系劳动和情感劳动。第二,这一区分对于"主播"这个群体有什么意义?我们认为这个建议非常有用,因此,我们在修改稿中,单独增加了一段:

在 Baym(2018: 19-20)看来,关系劳动在以下四个方面区别或扩展了情感劳动这一概念。其一,虽然情感在关系之中扮演着重要角色,但关系的内涵显然要比感受的表演和创造更为宽泛。例如,关系中包含着为了提升对于另一方的认知、理解而做出的努力。相仿,秀场主播不仅需要满足观众的情感需求,同时也需要通过不同渠道的自我披露,让观众对自己产生更多了解。其二,情感劳动往往是在一对一的关系中发生,但关系劳动却往往是一对多的。换言之,关系劳动要求劳动者面对复数的受众,一方面进行整体性的关系表演,另一方面还要满足不同个体的独特需要。<u>相仿</u>,秀场主播既要在直播间中维系一对多的亲密关系,同时也会通过平台私信或微信展开一对一的交往。其三,相比于情感劳动,关系劳动更加强调工作者面对不同社会连接时如何持续协商彼此间的"动态边界"(dynamic boundaries)。<u>相仿</u>,秀场主播在面对观众时,也需要不断在经济关系与亲密关系之间维系一种往往并不稳定的平衡。其四,关系劳动在零工经济中表现得尤为突出,因为零工经济的从业者无须遵守组织严格的条例和规范,也缺少相应的职业化培训。从上文提供的行业数据可见,这也与绝大部分主播属于兼职主播的行业现状十分贴合。基于以上原因,我们认为,相较于"情感劳动","关系劳动"这一概念更适合用来描述和分析秀场主播的工作实践。换言之,主播获取经济收益的途径并不仅仅靠表演自己的感受,更是在直播间内外维护与观众的关系。Zhang 等人将这一过程称为"商品化的虚拟关系",并认为它重新定义了人们在互联网平台中为何、如何相互连接(Zhang, Xiang, & Hao, 2019)。

这段文字的逻辑并不难把握。针对匿名评审的意见,我们相应做了两件事:第一,我们从四个侧面区分了关系劳动和情感劳动。第二,更重要的是,在阐明每一个区分之后,我们都加了一句话(大多以"相仿"开始),证明在这个侧面上,主播的劳动状态更加匹配关系劳动所描述的要素。这一步非常关键,它完成的工作,就是理论概念的"贴地飞行"。

做个总结:文献综述的重中之重当然是对于理论的梳理,但不要忘记你具体的研究对象,更不要忘记,你有责任向读者证明,你使用的理论/概念和你关注的现象是彼此相容的。因此，在理论综述的过程中，最后需要我们将理论"贴"到研究对象上，这也就是前面说的"理论飞得再高，最后也要回到研究对象"。具体而言，我们需要在文献综述中照顾到这个理论/概念说了什么、被如何研究、有什么价值，更要展示这个理论为何、如何应用到我的研究对象上。

证明这种连接的可行性，常见的有两种方法。其一是寻找既有研究中相似的案例。也就是说，不仅我想用 A 理论研究 B 现象，之前也有研究者做过同样的事情。这证明了我这样做是可行的，不仅如此，我还在那些研究者的基础之上，做出了我的贡献。其二，如果之前并没有任何类似的研究，我们可以尝试通过"要素"建立联系。这种方法的难度可能会稍微大一些，需要你有更大、更充分的阅读量。

如何找到"要素"呢？我们再来看一篇量化研究。这项研究试图从计划行为理论的角度探索低头症，也就是那些经常忍不住低头刷手机的人（Buttner, Gloster, & Greifeneder, 2022）。不过，计划行为理论在之前并没有被应用于论述这个现象。因此，作者就需要通过从宽到窄的逻辑，让理论贴住现象：

> 为了预测行为，人们提出了各种理论。我们专注于计划行为理论（Ajzen, 1991），它将行为解释为三个组成部分的函数：对行为的态度、主观规范和感知行为控制。对行为的态度是指对行为的感知效价。主观规范指的是这个人认为别人希望他们做什么。感知行为控制是指个体如何感知执行行为的难易程度。这些变量共同塑造了执行目标行为的意图，并最终塑造了行为本身。
>
> 计划行为理论已成功用于预测各种行为，其中包括数字技术的使

用,如社交媒体(Pelling and White, 2009)。因此,在预测低头症时,这是一个充满希望的起点。另外三个原因使计划行为理论成为预测低头症的有用框架:首先,通过测量对行为的态度,计划行为理论解决了态度-行为差距,而这可能对理解行为的形成至关重要(例如 Godin et al., 2005; Homer & Kahle, 1988)。到目前为止,研究者已经探索了人们对于低头族的态度(Chotpitayasunondh and Douglas, 2018),但同时也呼吁继续探索人们对于低头症的态度(Al-Saggaf and O'Donnell, 2019)。其次,规范已被证明强力影响低头症(Chotpitayasunondh & Douglas, 2016; Hall et al., 2014; Schneider & Hitzfeld, 2019)。计划行为理论框架强调了规范的重要性,特别是那些会被从道德维度评判的行为(Godin et al., 2005),而这适用于低头症这一案例(Schneider and Hitzfeld, 2019)。第三,计划行为理论已经成功应用于预测其他手机使用行为,例如,在行驶过程中使用手机(Jiang et al., 2017; Nemme & White, 2010; Walsh et al., 2008)。

在这部分文字中,作者通过两段的篇幅,实际上完成了两项工作。第一项工作是界定何为计划行为理论,对于熟悉这一领域的研究者而言,这并不是什么困难的事情。不过,第二项工作,也就是把计划行为理论和"低头症"的研究联系在一起,作者一共提出了四点理由。重要的是,这四点理由并非来源于纯粹的思辨,而是对接了各种直接和间接的证据。我们以"规范"这个点为例展开分析:"规范已被证明强力影响低头症(Chotpitayasunondh & Douglas, 2016; Hall et al., 2014; Schneider & Hitzfeld, 2019)。计划行为理论框架强调了规范的重要性,特别是那些会被从道德维度评判的行为(Godin et al., 2005),而这适用于低头症这一案例(Schneider & Hitzfeld,

2019）"这里用"规范"（尤其是道德维度评判的行为）作为连接点，找到了低头症与计划行为理论的连接点，这两句话的逻辑关系如下表所示。

例文	功能	推进	结论
规范已被证明严重影响低头症	低头症与规范的联系	从规范的角度连接	计划行为理论适合被用于研究那些从道德评判进行评判的行为规范，而低头症恰恰是这样一种行为。
计划行为理论框架强调了规范的重要性	计划行为理论与规范的联系		
特别是那些会被从道德维度评判的行为	计划行为理论与道德行为的联系	进一步从道德评判的角度连接	
而这适用于低头症这一案例	低头症与道德行为的联系		

要不要综述研究对象？

我曾阅读过很多学生研究微博的毕业论文，其中文献综述第一部分的名字就叫"微博"。学生拼命告诉我什么是微博、微博有哪些功能（它竟然还可以发超话！），如同是在写微博的使用说明书。看完之后，我觉得自己的智商被他按在地上摩擦。

我想说的是，文献综述中其实并非一定要加入对研究对象的详细介绍。例如，当大家对研究对象或研究语境都有基本的了解时，则简单一两句话带过就可以了。那么，什么时候需要"长篇大论"呢？有两种情况值得注意。

其一，当研究对象对于读者是陌生的，比如你想发表一篇关于微博的英文论文，或者你想发表的是一篇中文论文，研究的是中国留学生在日本如何使用Line。你会发现，你的目标读者对你研究的社交媒体很可能并不熟悉。这时候，你就需要增加一部分对读者友好的简要介绍。

其二，即便是介绍，也请注意不要写成产品说明书。你可以在两个角度上多做一些努力，一个是通过你的介绍，读者会更相信你的研究对象和你采用的理论可以双向奔赴；另一个是重点介绍你在研究发现中会涉及的部分。例如你对微信的综述，要考虑到你在研究发现中会涉及微信的哪些功能。

我们回到那篇研究中国人如何用微信维系不同社会关系的论文（Zeng Skovhøj，2021），其中一个小标题是"通过微信与社会连接进行交往"，其中花费了四段的篇幅来综述何为微信。可能你读起来觉得有点"常识"，但请注意我们之前的两个提醒：对读者友好且重点突出。

①微信由腾讯于2011年11月21日推出，最初设计为一款主要面向移动设备的即时通讯应用。当时，腾讯已经成功运营了一款名为QQ的全国流行社交媒体产品。与QQ相比，微信诞生于移动设备的蓬勃发展，而QQ是固定互联网时代的产物。

②在过去的八年里，微信不仅是一款即时通讯应用，还经历了巨大的演变。图1简要回顾了迄今为止微信七个版本的功能开发情况。如今，微信已经从一个单纯的即时通讯工具应用转变为一个提供广泛功能的成熟生态系统。截至2018年2月，微信月活跃用户突破10亿，且这一数字仍在增长。

③微信功能的多样性使得用户可以定制自己管理不同社交关系的方式。在微信消息中，该系统允许用户控制不同聊天的同步性。一方面，可以激活"静音通知"选项，避免在群聊中不断收到新消息的通知。另一方面，"置顶"选项使用户能够把一些对话放置在页面顶部。通过这种方式，人们可以轻松地找到这些聊天记录，注意到其中的新消息，而无需额外的滚动和搜索。这两个选项可帮助用户根据自己的需要，延迟或优先处理与不同连接的交往。

④"朋友圈"是为用户设计的一项功能，用户可以通过文本、图片和视频的形式与他们的社会网络分享故事。在朋友圈中，微信为用户提供了通过定制标签描述对联系人进行分类的功能，然后，用户可以根据类别设置，调整帖子的可见性。这两个选项组合使用户能够与目标群体共享帖子，或阻止某些人查看帖子。

我们逐段分析。第一段交代了微信这款 APP 的基本历史背景。这里面特别有趣的是，作者突出了微信是移动互联网时代的产物，而 QQ 是固定互联网时代的产物。为什么要通过对比突出这一点呢？我觉得很重要一个原因，是这篇论文发表的期刊《移动媒体与传播》（*Mobile Media & Communication*）关注的恰恰是移动互联网时代的传播现象。

在第二段，作者继续介绍微信，但是这些介绍是高度选择性的。作者主要谈了两点：第一，从功能上讲，微信是一个成熟、复杂的生态系统；第二，从规模上讲，微信用户突破10亿。前者说它复杂，意味着人们用来维系关系的策略也可能很多，自然地，作者也会有很大的分析空间；后者说它庞大，突出的则是微信的重要性——它值得研究。

在第三段和第四段，作者分别介绍了微信消息和朋友圈的功能选择。当然，这大部分是考虑到论文的读者大部分不是中国人，也不是微信的使用者。但特别值得注意的是，作者在每段的介绍最后，都试图将这些功能和论文的主题——也就是如何使用微信维系不同的社会关系——联系在一起。例如，在介绍完微信消息的功能之后，作者说"这两个选项可帮助用户根据自己的需要，延迟或优先处理与不同连接的交往"。在介绍完朋友圈的功能之后，作者说"这两个选项组合使用户能够与目标群体共享帖子，或阻止某些人查看帖子"。你会发现，作者对功能的介绍，仍旧是为研究问题服务的。

稍作总结：如果你问我，要不要在文献综述中介绍研究对象？我的答案是，对于研究对象的综述，务必抓住论文的"飞行"方向，这至少需要在写作之前回答两个问题：第一，研究对象在多大程度上可能是读者不了解的？（读者优先原则）；第二，研究对象的哪些特质与我的研究问题密切相关？（适用性原则）。

● 讨论：给理论与现实"上价值"

好了，我们要说到理论和现实的第三次相遇，也就是一篇论文的"讨论"部分了。这的确是一个让所有研究者都感到头痛的部分。有人经常开玩笑说，在科研工作者秃顶的过程中，大部分头发都是在写论文过程中掉的。姑且接受这个事实，那么我想说，写一篇论文如果掉100根头发，则讨论部分可能会贡献50根。为何如此呢？这就要说到"讨论"部分之于一篇论文的作用了。

拓展理论还是启发实践?

我在读书的时候,加里·克莱普斯(Gary Kreps)教授曾和我们讲过一个研究质量分类的标准。我印象很深。他认为粗略来讲,评价一篇论文质量的标准有两个:这篇论文对于理论的贡献(理论意义),以及这篇论文对于现实的贡献(现实意义)。简言之,理论意义关乎于与既有研究的"对话",也就是你的论文如何与之前的研究产生互动关系,并且从某个角度证明、修正甚至是反驳既有研究;现实意义关乎于对现实需求的"启发",这涉及到社会科学如何反哺社会,让学术研究走出象牙塔,对现实产生或大或小,但切实可能的影响。

用理论意义和现实意义作为标准,我们可以进一步将论文分为四类,在下面的图中,我用 ABCD 四个区域来分别代指。A 类论文是我们的梦想,既可以对现实生活提供直接的启发,又可以在理论层面做出巨大的推进。但事实上,这种研究的难度非常大,甚至在很多时候都是可遇而不可求的。在我看来,大部分优秀的论文更可能处于 B 和 C 这两个象限之中,因为理论和实践的相互奔赴不一定是对称的,有时候我们做出的理论贡献更大,这种论文被称为"理论导向的论文";有时候我们做出的应用贡献更大,这种论文被称为"应用导向的论文"。A 往往是大部分学者求而不得的,但 B 和 C 则是我们通过努力可能达到的。当然,不得不直面的一个现实是,更多初学者的研究论文处于 D 象限。

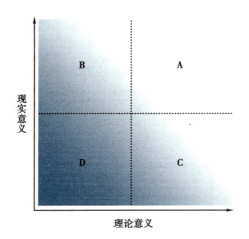

回到我们的论文写作中，我们一定想要在论文中向读者展示自己的理论贡献和现实贡献，尽量向B、C靠拢，甚至接近A的要求。此时，我们便需要在"讨论"中谋篇布局。"讨论"这一部分的重要性，就在于给理论与现实"上价值"。那么，如何进行这项工作呢？必须承认，讨论部分的写作难度很大，需要研究者有较高的学术想象力，但我认为，其中仍然有一些基本的"规定动作"需要我们按标准完成。此处，我想为你提供一个"四步走"的框架，供初学者写作时参考：回溯发现、进行对话、价值升华、展望未来。

回溯发现

一般来讲，在讨论部分的第一段中，作者会首先回溯研究发现。一方面，这相当于一个"打包"工作，让读者能以较低的成本掌握这篇论文最核心的研究发现；另一方面，作者也会通过"打包"自然而然地引出接下来希望讨论的内容。例如，在《反向自我呈现》（董晨宇、段采薏，2020）这篇论文的讨论部分，我们如此撰写第一段文字：

①本研究将"分手"作为社交媒体自我消除行为的研究对象，并通过深度访谈的方法，考察了这种消除行为在公开展演、关系协调和自我更替方面对于分手者的意义，同时也分别体现了分手者一对多（one-to-many）、一对一（one-to-one）和反身性（one-to-self）的印象管理策略。②在讨论部分，我们试图进一步探究"分手"这一案例对于自我消除研究的理论价值。概括而言：第一，本研究认为，伯尼·霍根的策展人隐喻应该得到扩展，因此，我们将社交媒体中的自我呈现者比喻为"剪辑师"。第二，本研究进一步探讨了自我消除与生活变迁（life transition）这两个概念之间进行结合的可能性。

我们首先进行的工作，是用一句话梳理了这篇论文的研究问题、研究方法和三个研究发现。这部分不用说得特别详细。接下来第二句话，我们预告了讨论部分中我们将进行对话的两个"靶子"："策展人"和"生活变迁"。如果说第一句话主要起到的是"承上"的作用，那么第二句话则主要起到的是"启下"的作用。

有些时候，在回溯发现这个段落中，研究者也会用一两句话的篇幅再次强调这篇论文的重要性。有时候学生会问我，是否有必要在一篇论文中多次强调自己的贡献或价值。因为正如我们之前聊过的，在导言或文献综述部分，我们已经做过类似的事情。如果在讨论中进行重复，是否显得冗余？我的答案是：这是必要的，如果你的论文有一处突出的贡献，或者具备特别重要的价值，那么你完全可以在论文中多次强调，这本身也是加深读者印象的一种策略。

举个例子来讲，李思悦等人在论文《丝丝感恩、收获良多：线上支持提供中寻求支持者的回复扮演何种作用》中考察了互惠性在网络支持论坛中扮演的角色（Li, Feng, & Wingate, 2019）。这个问题可以被翻译成更为通俗的语言：如果你在网络论坛中寻求帮助，在别人回复之后，你对这些评论表达了感谢，那么，你是否会因此收到后续浏览者更多的支持性回应？读到这里，你可能会有一个问题，这个研究的重要性在哪里？作者在导言部分进行了解释：

支持性沟通是一个动态的过程，它涉及寻求支持者和提供支持者之间的给予和获取（MacGeorge, Feng, & Burleson, 2011）。为了获得对支持性沟通过程更完整的理解，研究者需要考察寻求支持者如何回应收到的支持，这在理论和实践上都很重要。为了填补文献上的空白，本研究考察了线上寻求支持者对之前评论的回应，以及这些回应对后续的支持提供行为起到何种作用。

在讨论部分的第一段，作者重复强调了这个问题的重要性。

①线上支持论坛允许人们更好地利用弱连接，从不太熟悉的人那里获得社会支持（Wright, Rains, & Banas, 2010）。支持论坛使许多人能够阅读到寻求支持的帖子，从而使发布者有更多的机会获得所需支持。然而，这一好处并没有得到保证，因为回复数量的增加不一定与支持质量的提高相对应（MacGeorge et al., 2011）。研究表明，在网络空间中，人们有时会对不认识的人做出消极甚至敌对的行为（Aakhus & Rumsey, 2010; Gibbs et al., 2016）。②因此，确定线上论坛所提供的支持质量受哪些因素影响，从理论上和实践上来说都是重要的。③采取以信息为中心的方法（Burleson, 2010），本研究考察了寻求支持者对先

前评论回复中的感激行为。这项研究可以帮助研究人员更好地理解在线上支持论坛中，寻求支持者和提供支持者之间的互动会如何影响在线支持寻求的结果。

　　我将这一段分为三个部分，在这三个部分中，作者分别说了三件不同的事情：第一部分说的是"现象很重要"，第二部分说的是"我研究的就是这个现象"，第三部分说的是"因此，我的研究重要"。这遵循了"大前提-小前提-结论"的三段论逻辑，也是我们可以模仿的写作策略。

　　细心的人还会发现，这两段文字甚至引用了同样的文献，也就是 MacGeorge 等人的研究作品，共同证明"支持性沟通是一个动态的过程"，进而证明研究问题的重要价值。因此，不要担心重复强调你的研究具有怎样的价值，相比之下，我们更应该担心的是如何找到属于你的价值。

　　简而言之，在回溯发现这一段中，你可以选择书写的内容大致分为三个部分：第一是重申你的价值，第二是回顾你的发现，第三是预告你的讨论。当然，这三部分内容并非都是"必选项"，需要根据具体研究的定位来做出取舍。当然，论文长度的限制也会成为一个重要的参考指标，例如有些期刊限制字数非常严格，这时候，我们可能会选择将这一部分写得简略一些，把更多的篇幅留给接下来具体的讨论。

理论贡献：与既有研究展开对话

　　讨论部分的核心要义是"对话"。你是否记得，在讲解文献综述的写作时，我曾说过同样的话：要与既有研究产生对话。文献综述中的对话是为了找到 GAP 并提出问题，换句话讲，就是你需要借助既有研究"哺育"你的研究问题，证明它们的合理性和必要性。讨论中的"对话"则恰好反过来，你要用你的研究发现去"反哺"你曾经梳理过的研究领域或研究概念，进一步挖掘它们的理论潜力。因此接下来，我们需要面对的问题便是：该如何反哺既有研究呢？这在很大程度上体现了研究者的学术想象力，因此很难给出一个放之四海而皆准的答案。不过即便如此，仍然有三个常见的策略供你参考。

（1）对比与解释

所谓"对比和解释"，就是拿你的研究结论和既有的同类型研究进行比较。既然是比较，就可能会出现两种不同的情况。一是你的结论和前人的结论是一致的。在这种情况下，你的贡献就是进一步证明了前人的结论；二是你的结论和前人的结论并不一致。在这种情况下，你就需要去解释为什么会存在差异。

实际上我们完全不用担心自己的结论与别人的不一致，因为这正是我们可以做出更大贡献的机会。当然，我这样说的前提是，你首先要确保你的研究过程是没有重大瑕疵的。我记得在多年前指导过一篇本科论文，这位学生的所有发现都在反驳经典研究的结论。我的第一直觉是，小概率是她对经典研究进行了革命性的颠覆，大概率是她的研究设计和操作出了大问题。当然，最后证明她属于大概率。

对比和解释的方法在量化研究中经常被使用。我们知道，量化研究的逻辑往往是基于既有研究提出一个个研究假设（hypothesis），因此在讨论中，作者自然要对其中关键的假设进行讨论。

我们来看一个例子：在《远虑的冒险家：一项关于健康信息框架对女性HPV疫苗接种态度和意愿影响的随机实验》一文中，冉华等人（2021）讨论了不同信息框架如何影响女性对HPV疫苗的接种意愿，其中一个假设是"较于增益框架信息，损失框架信息更能促进女性HPV疫苗接种意愿的提升"。简单解释一下，这里的增益和损失框架指的是，我们到底应该告诉人们，接种疫苗可以增加她们的哪些收益，还是应该告诉人们，不接种疫苗会给她们带来哪些损失。这在说服研究中也被称为前景理论（prospect theory）。在对这个假设的讨论中，作者如此写道：

①尽管前景理论预测了在某些健康行为中"损失"框架比"增益"框架更有效，但在"疫苗接种"这一健康行为上，两个框架尚无优劣（Rothman et al., 1999; Rothman et al., 2006）。本研究通过实验得出，在其他条件不变的情况下，"损失"更能提升被试有关HPV疫苗的接种意愿。该研究结果为前景理论对健康行为的预测提供了一定的证据补充，也和早先有关HPV疫苗接种行为意愿的国外研究结论保持一致（Abhyankar et al., 2008; Nan, 2012a; Wen & Shen, 2016; Haydarov & Gordon, 2015），"损失"框架在个体HPV疫苗接种行为上有更加稳定的效应。②根据以往经验研究提供的证据，"增益"框架的信息可应用于促进预防行为，"损失"框架的信息可用于促进疾病检测行为。本实验中"损失"框架相比于"增益"框架更能促进个体接种意愿的提升，原因正是在于HPV疫苗接种本身就是一项特殊的预防行为，有一定概率伴有若干风险，如注射疼痛、过敏、低热等（Park, 2012）。所以，当健康信息以"增益"框架的形式出现时，HPV疫苗的有效性和安全性将会因为其接种的风险而大打折扣，继而不能显著刺激个体的接种意愿。而

当健康信息以"损失"框架呈现时,疾病所带来的痛苦与威胁将会远远大于疫苗本身可能存在的风险。同时,接种疫苗属于一次性预防行为(总共只需要三针剂量),因此在"损失"框架下,个体的预防意愿会出现比较明显的增长。

这段文字可以被分为两个部分。

第一是对比。作者将自己的研究发现与既有研究的结论进行了对比。请注意,这里面其实包含了三层既有研究的结论,分别是健康行为、疫苗接种行为和HPV疫苗接种行为。其中遵循着从宽到窄的逻辑顺序。

第二是解释。具体而言,作者解释了为何"损失"框架比"增益"框架更加稳定和有效。一言以蔽之,因为"HPV疫苗接种本身就是一项特殊的预防行为"。

在这个假设之上,作者得出的结论与HPV疫苗的既有研究结论仍然基本保持一致,因此,作者的解释难度也就相对比较低。不过,如果对比的结果是差异很大,又该怎么办呢?大可不必担心,差异往往意味着新的机会,甚至可能成为整个研究的亮点。因此,你要进行的工作,就是去解释为何会出现这种差异,这种差异又如何丰富了我们对既有研究理论或概念的理解。例如,在冉华等人解释完"损失"框架为何更有效后,他们继续解释了这篇论文中关于"时间距离"的研究发现。所谓时间距离,指的是在说服中强调HPV疫苗给人们带来的长期收益,还是强调HPV疫苗给人们带来的短期收益。作者如此写道:

①除此之外,许多行为科学的学者都考虑了时间节点对个人偏好

的影响。时间距离（现在和未来的诉求）可能有效地刺激健康态度和行为的变化。根据时间贴现理论和解释水平理论，人们更加注重当下的收益和效用，偏向于考虑短期的、直接的后果，这种心理在疾病预防行为中也很常见。然而，本实验的数据结果和预先假设相违背，即在个体的 HPV 疫苗接种意愿的影响因素中，"将来"时间框架比"现在"时间框架更加有效。②我们认为，出现这种情况的原因在于宫颈癌特殊的预防特性。接种疫苗本质上是一种预防性健康行为，它将产生长期的健康效益。人们接种疫苗并非只为近期或当下的目的，更多的是为了长期甚至终生拥有免疫能力。不同于乳腺筛查和宫颈切片等其他的女性疾病筛查方式，HPV 疫苗的接种属于终生预防行为，个体在一生中只要完整接种一个周期，那么人体对于相应类型的 HPV 病毒的预防是长期有效的。③另外一种可能的解释是，本实验招募的被试群体为大学女生。作为年轻人，她们目前对于自己的健康状况有足够的自制力和信心，所以相对低估了宫颈癌存在的迫在眉睫的风险。随着年龄的增长，个体对于自身状况的自信心会下降，这也意味着她们会更加担心自己未来患此疾病的风险和可能性。因此，强调面向"未来"的信息建构会比面向"现在"的信息更有可能吸引注意力并促使她们做出响应。

在这个假设之上，整个段落仍然可以分为"对比"和"解释"两个部分。在对比中，作者得出的结论与 HPV 疫苗的既有研究结论并不一致。这也就意味着，接下来作者需要解释这种差异为何会出现。简单来讲，作者给出了两种不同的可能性，一是源于 HPV 疫苗这个议题的特殊性，人们注射疫苗的动机，本来就是希望"终生拥有免疫能力"；二是源于被试群体的特殊性。大学女生作为年轻人，对自己的健康比较有信心，因此她们注射疫苗的动机往往倾向于为今后的自己做准备。

一般来讲，量化研究的讨论会遵循一种相对稳定的架构：一段讨论一个假设。当然，有时候假设比较多，这般布局讨论就比较冗长，就可以做一些合并，并且"分清主次"：次要的发现"拢"成一堆讨论，再拎出两三个主要发现进行详细的对比和解释。

(2)为既有理论提供新情境

对于研究者，尤其是入门者而言，另一类更具有操作性的创新方式是为已有理论提供新的情境。还记得之前举过的那个计划行为理论的例子吗？作者在其中说："计划行为理论已成功用于预测各种行为，其中包括数字技术的使用，如社交媒体。因此，在预测低头症时，这是一个充满希望的起点。"这句话的意思其实是在说，计划行为理论之前并没有被研究者应用在低头症的预测中，我们这篇论文想要做的就是这个事情。这就是所谓的"为既有理论提供新情境"。

为了更详细地理解这类讨论的写法，我想邀请你读一篇关于表演性地理媒介实践的研究（Lindell, Jansson, & Fast, 2022）。你可能对这个概念有点陌生，但对下面这个媒介生活片段一定很熟悉：一个人打卡完心心念念的餐厅/展览/景区后，精心编辑一条朋友圈并仔细设置定位，让大家知道他/她来到了这里。这篇论文具体讨论的，是表演性地理媒介实践与社会区隔理论的关联。再把这句话翻译得通俗一些：你这样打卡，是为了展示自己怎样的社会品味与阶层？

在讨论的总述部分，作者先是用一系列的生活实例再次引入了研究对象：

在照片中标记自己,在酒店、会议或艺术展览中"入住",或分享各种社交媒体平台上这些地方的照片——我们称之为暴露地点的地理媒体实践——是半公开的、外显的文化实践,具有双重功能。一方面,这些活动在建构自我;另一方面,又在建构地点。自智能手机和社交媒体兴起以来,它们成为各种社会群组自我形成和社会分层的关键实践。然而布尔迪厄式的文化社会学对新媒体的特异性并不敏感,而正是在新媒体中,文化偏好和生活方式变得更具表演性。

请注意,这段话最后一句提出了本研究最重要的贡献,也就是因为"布尔迪厄式的文化社会学对新媒体的特异性并不敏感",作者希望通过这篇论文,让布尔迪厄在地理媒介实践之中"复活"。接下来,在此基础上,作者对生活经验进行了抽象化,并且强调了现象背后普遍的理论关切。值得注意的是,下面这一段话在描述贡献时用提问的疑问词来标记研究视角的不同,也为我们寻找新情境提供了一种巧妙的思路和表达方式:

本研究展示出社交媒体中暴露地点的实践勾连了当代瑞典的社会阶层结构,个人被置于何种位置关乎他们所拥有的各种社会资源的容量和构成。我们的研究虽然发现了拥有不同资本组合的人之间的某些差异,但主要发现涉及地理媒体实践与不同资本量之间的联系。这一研究为文化社会学领域做出贡献。此前的研究主要关注了文化消费中的"什么"和"如何"问题,而我们增加了新的提问方式:"在哪?"

在概述了研究对象及其理论意义之后,讨论的分述部分得以展开。接下来，作者想要更为具体地解释研究的理论贡献：

我们研究的主要贡献是，实证地验证了地理媒体的社会技术制度（连接、表征和后勤可供性通过它走到了一起）如何扩展了社会文化再生产的深层动力，甚至强化了空间挪用与社会身份工作之间的类别性联系。如何扩展了社会文化再生产的深层动力甚至强化了空间挪用之间的分类联系和社会认同工作。地理媒体平台构成了文化差异的另一个工具箱，因此为巩固先前存在的阶级划分提供了新的手段——例如通过曝光自己身处"漂亮"的场所和目的地。根据同样的逻辑，这也意味着地理媒体实践在塑造不同地方的"价值"方面发挥着重要的规范作用。一些地点被理解为由"少数快乐的人"保留的"美好"或"特权"之地，与此相对地，另一些地方则背负上污名，被认为不具有独特性。**因此**，我们的研究提供了一个布尔迪厄角度，即普通媒体实践如何在与例如中产阶级化相关的空间（重新）编码过程中发挥作用。这种动态可能会因商业逻辑而进一步增强，其中算法构建的信息流主要构成了人们的网络环境。这样一来，我们在这里指出的明显趋势及其分类含义会自动得到加强。

这一段讨论又可以分为两个层次：检验和补充。首先，作者指出，社交媒体打卡这样的新现象为社会区隔理论提供了更多的细节。这一段中"因此……"这句话的表述逻辑尤其值得参考。这句话采用了一种"转述"的技巧，现象被抽象为概念，经典理论实现变身——从"打卡"到"媒介实践"，从"社会区隔"到"空间编码"。进而，作者开始解释理论贡献的第二个层次，也就是为已有理论补充了新的变量/要素。在这个案例中，就是技术和商业意识形态。

（3）提出新概念

如果你的野心不止于为既有理论提供新的情境，而是希望进一步把自己发现的新现象凝结为一个新概念，那么论文的理论贡献可能会更大（当然难度也会更高）。何为概念呢？简单来讲，概念就是通过概括、归纳而形成的对事物更本质层面的描述。如果说研究发现的工作是对量化或质性数据进行分析，并得出结论，那么在讨论中，我们完全可以试着将这些"具体"的结论抽象化，形成一个新概念。

当然，提出概念并不是随性地"制造"。如果我们想在论文中提出一个新概念，必须要囊括以下的三个组件，才可以让人信服：首先是给这个概念下个定义；第二是联系既有的现象或理论，说明这个概念的来源，毕竟没有任何一个概念是无源之水；第三是概念的去向，也就是这个概念能帮我们解决哪些以前解决不了的问题，或者相比既有理论/概念而言，它的优势在哪里？为既有讨论增添了哪些新视角？简单来说，提出一个概念需要做三件事：找到坐标（定义）、向后看（来源）、向前看（去向）。

我来举个例子。我们离不开微信，又时常深受其扰。欧楚月和林仲轩的研究关注的就是这样一个"人人都能说上两句"的话题（Ou & Lin, 2023）。他们发现，在既有研究中，很多学者在描述人们面对社交媒体带来的困扰时，都会使用"断连"（disconnection）这一概念。但这个概念并不能涵盖微信用户使用的复杂性，毕竟，有几个人可以一气之下，把微信从手机上卸载呢，让自己和微信断连呢？

欧楚月和林仲轩的逻辑是：我们不去谈断连，而去谈对共在的抵抗。例如，很多人都熟练掌握了屏蔽、分组和"已读不回"这样的使用策略，从而把这个事情描述得更加细致。因此，他们提出了情感、态度层面的"反共在"（dysco-presence）和行为层面的"去共在"（disco-presence)这两个概念。那么，"反共在"和"去共在"是什么意思呢？根据作者的定义，"反共在"一词旨在描述用户"对于共在的负面情感"，也就是反对共在；"去共在"一词则旨在描述用户"对于共在的抵抗行为"，也就是试图"去掉"它。

在进行定义之外，两位作者需要做的第二个事情是向前看，告诉读者他们提这两个概念的理论来源是什么。具体到这篇论文中，新概念来源于两个理论脉络：跨国研究的"中介化共在"和"数字（反）连接"：

> 本研究为数字(反)连接研究提供了新的发展轨迹和可能性,将其纳入更详细的框架和非西方语境中,也就是中介化共在(mediated co-presence)和中国熟人网络。我们认为,社交媒体上的中介化共在充满了矛盾和协商(Zhu & Miao, 2021),因此,我们进一步识别并概念化了两种新现象——"反共在"(dysco-presence)和"去共在"(disco-presence)——这促使我们考察数字断连中细微的情感和行为抵抗,而不是模糊地将它们视为一个整体。

完成了定义和向前看，最后一个工作，就是向后看，去论述这两个新概念有什么用。作者特别强调的是，虽然他们研究的是微信，在微信的语境中提出了这两个概念，但这两个概念的适用范围可不仅仅是微信，而是适用于广义的数字化交往：

> 共在/反共在/去共在框架的核心是理解社交性在数字时代是如

何发挥作用的。既有研究强调整合性社交平台在(重新)塑造社会性和数字(反)连接方面的深度媒介化(e.g. Franks et al., 2018；Jorge，2019)。相仿，我们并不局限于网络个体在微信环境中的体验。相反，在其他社交网站和人群中，如 Facebook、Instagram 和 WhatsApp，这种现象也很普遍，但遵循的原则是：数字技术的社交线索越多，用户的共在/反共在/去共在体验就越明显。

一旦完成了定义、向前看和向后看，作者提出的概念就不会是"无源之水"。当然，需要特别强调的是，这个新概念的理论源头，一定是在文献综述中就已经埋下伏笔，而不是在讨论中突然"蹦出来"。这也是我们为什么一直在强调，"对话"应该是贯穿整篇论文的一种持续的状态。

除此之外，还需要提醒一点：在经验研究中，我们提出的任何一个概念都是基于我们的经验数据，但我们的经验数据本身可能就是有局限性的，比如说关注一两个具体的社会群体，那么此时，研究者还可以选择进一步证明这个新概念的解释力远不仅如此，并以此提升这个新概念的价值。

我们可以用刘海龙等人（2021）的论文《网络化身体：病毒与补丁》作为例子。我先来介绍一下这篇论文的基本背景。在既有研究中，人们倾向于将被技术中介的传播理解为一种脱离身体的活动。换句话说，在各种传播技术的支持下，人们有机会以一种"远程在场"的状态工作和生活（例如，你可能也有躺在床上上网课的经历）。不过近年来，传播现象中"身体"的作用正在被重新发现。在很多传播技术实践中，都涉及身体的在场和调动：例如人肉搜索、人肉代购、快递、外卖等。在这篇论文中，刘海龙等人便以代购和外卖为经验材料，论述了一种新的技术逻辑的兴起：不是网络媒介在替代人的身体功能，而是人的身体在成为网络的一部分。麦克卢汉的那句名言"媒介即人的延伸"恐怕在这里要颠倒过来了，人也可能是媒介的延伸。由此，本文作者提出了一个新概念：网络化身体。

①简单而言，网络化身体指的是接入网络，成为网络延伸，与网络融合为一体的身体。②网络征召身体，是因为身体能够为网络采集数据，成为其物质性终端（"代臂"）。当然，肉身的物质性在当下又成为其断开网络连接，摆脱网络操控，成为秩序破坏者的前提。因此，身体与网络在"网络化身体"的概念下相互影响，互相建构，身体不再是自足的肉体，而具有了网络的特征，同时网络也具有了梅洛-庞蒂所说的"世界之肉"的特征，二者一起构成了更大的网络，这就打破了身体与网络、人与技术的二元对立。③上面所讨论的"补丁"与"病毒"只是网络化身体的两个典型，并不足以概括网络化身体的全部特征。本文只是以此为例探讨这一概念的解释力。

这一段可以被分为三个部分。第一句提出了网络化身体这个概念，并且为这个概念下了一个定义。第二句理解起来稍微复杂一些，作者在做的事情，就是点明这个新概念的启发性在哪里，它为什么值得被提出来。在这里，作者向前看，追溯了梅洛-庞蒂的思想资源，同时又向后看，给我们常规理解的人与技术的二元对立增添了新的复杂性。在第三句话中，作者想要证明这个概念并不局限于本论文的经验材料，而是有更广泛的解释力。当然，这句话更大的意义在于承上启下。在接下来的一段中，作者进一步论述了这个概念的解释范围，将理论与现实再次绑定在一起。

2020年，新冠疫情爆发，疫情蔓延之时，网络技术成了各个层面实现信息流动、物资流通和人口移动的手段。普通民众、医生、专家、记者、政府机构人员、家庭、社区、市场、物理空间、病毒、野生动物、食物、药物、医疗用具、医学和信息传播技术，彼此关联在举国抗击疫情的行动网络中。网络化身体频频浮现：基于"人肉"调度的救灾物流，视频会议和课程直播的常规化，二维码化的身体调控，数据化的疾病身体，等等。身体的网络化和传播的具身化在不同时刻影响着疫情控制的进展。

在这一段中，作者处理的事情是理论与现实的再次连接。换句话说，作者希望证明如今"网络技术成了各个层面实现信息流动、物资流通和人口移动的手段"，这无疑强化了"网络化身体"这一概念的现实意义，超越了论文经验材料本身的限制。同样的道理，前面介绍过的关于分手者如何删除社交媒体恋爱痕迹的研究，当我们提出"自我删除"这个概念并进行讨论时，我们也把这个概念从分手这个具体语境，扩大到了每个人都会经历的"生命变迁"，这其实也是在做类似的概念处理。

（4）在理论贡献中"打开格局"

当刘海龙等人把外卖扩展到疫情期间种种信息、物资和人口的移动时，以及当我和段采薏把分手扩展到生命变迁时，其实我们都是在为自己的研究贡献"构造层级"。我们都在由窄到宽地努力"打开格局"。在经验研究中，我们的经验数据是比较封闭的，聚焦在一个群体，但我们的研究价值可能会突破这个群体。也就是说，你可以在具体的研究对象之上，给这个对象贴上一个更宏大的社会群体的标签，试图去启发更宏大的研究。例如曹昂（2021）在《城市适应与阶层区隔：流动工人跑步群的媒介仪式研究》中，讨论的是工人跑步微信群，但这个研究的价值却绝不仅仅是这些具体的、被研究的流动工人。作者如此打开自己的研究格局：

①在新媒体技术和平台研究中应该始终回归对最本质问题的探讨，即技术与社会权力结构的关系，或者是媒介在促进社会公平方面有着何种意义。②本研究显示，跑步趣缘网络所搭载的新媒体平台对流动工人的意义是双重的，其不单具有"媒介赋权"的价值，也不完全是被权力部门征用来维持社会运转的工具。③类似的研究应从弱势群体的主体性出发，理解文化群体的话语表达和意义建构，分析意识形态的变化及其试图隐藏的内容，并需要发掘更多的能够促进改变的社会实践。

在这一段中，作者将自己的研究向上拉了一把——我讨论的是流动工人，但不仅是流动工人，因为技术与社会权力结构之间的关系，存在于流动工人群体中，又绝不限于这个群体。我在讲的故事，本质上是媒介在促进社会公平方面的意义。因此，这篇论文的落脚点，是包括流动工人在内的"弱势群体的主体性"。但请注意，这个"打开格局"的动作一定不能完全脱离自己的研究素材，让读者觉得你是在胡乱拔高。例如在这一段中，作者其实用了"打开—收缩—再打开"的逻辑关系去"贴"住自己的研究结论：

第一句打开，作者将自己的研究"本质化"，他想说的是技术与社会权力结构的关系。

第二句收缩，作者回到了自己对于流动工人的研究结论中。

第三局再打开，有了前两句的铺垫，作者将自己研究的启发性价值扩展到弱势群体问题之中。

另一篇逻辑相对更为复杂、构建也更加精巧的论文来自凯伦·塞鲁罗（Karen Cerulo）对于香水的研究（Cerulo，2018）。这篇论文很好地展示了作者的写作功力，尤其是如何由浅入深、由具体到抽象地呈现研究问题与不同领域的关联。作者研究的话题很有意思，简单来讲，就是消费者可以"解码"香水厂商为不同香水赋予的意义吗？为了搞明白这件事，作者召集了一些消费者来"盲品"商业香水，并发现，人们对于香水的解码与香水厂商的商业资料有很多重叠之处。换句话说，人们可以较为准确地辨认一款香水的目标用户、潜藏信息和使用场景等。而这种意义制造过程又镶嵌进了社会关系的再生产过程中。在讨论部分，作者将嗅觉扩展到了其他感官范畴，可以说是神来之笔。

虽然这项研究主要关注的是香水，但是我提出的分析框架为理解人们如何破译其他种类的气味提供了蓝图。……进一步的经验工作可以帮助我们决定在其他嗅觉类别中的意义制造的模式。这篇文章也为意义制造研究领域中经常被忽视的其他感官范畴，例如口味和触觉提供了一个模板。我们知道气味、口味和触觉是由大脑中的不同部位控制的。那么这又如何影响到了意义制造？现在，我们对这个问题只能提供有限的答案。如果我们考虑到气味和口味的区别……当我们将研究扩展到气味，我们就需要探索气味的社会意义，也就是在与其他感官的关联中审视气味在社会分类和社会评估中的力量。

你会发现，作者在这一段中做了至少三次跳跃。

首先，作者关注的是香水，但这个研究框架可以被扩展到其他气味。

第二，作者关注的是气味，但这个研究框架可以被再次扩展到其他感官，例如触觉和口味。

第三，作者关注的是香水，是一种感官，但论文的野心绝不止步于此，而是要把自己的研究放在感官社会学的脉络中进行讨论。

利用这三连跳，作者对于"香水"的研究价值得到了扩展，既完成了与既有研究脉络的对接，又为未来的研究提供了丰富的可能性。

现实贡献：学术研究如何启发现实

在理论贡献之外，我们再来聊聊现实贡献，也就是我们的研究会对现实起到怎样的启发和指导作用。一篇研究论文应该对现实做出怎样的贡献才算令人满意呢？这个问题的答案恐怕首先因学科或研究议题而异，例如，管理学、市场营销学、消费者行为学等研究会更加强调直接的现实应用。我自己在处理论文现实贡献的时候特别关注三点：第一，强扭的瓜不甜，自己的研究发现不必非要直接指导实践；第二，即便你想要陈述自己研究的现实指导意义，也不要夸大这些意义；第三，不要提那些泛泛而谈的建议。

第一点不难理解，我就从第二点开始解释。有一段时间，我经常会在评审本科和硕士论文时遇到对李子柒成名之路的讨论。这些论文的套路几乎是一样的，通过对李子柒的视频进行内容分析，然后宣称自己找到了李子柒成名的关键因素，最后建议其他在成名之路上努力耕耘的网红们遵循这些关键因素，以抵达相似的成功。我当然不否认这种总结或许可以带来一些启发，但复制这些关键因素就一定可以通向成功吗？显然并不是这样的。李子柒的成功，一半是她有很多的"设计"，就是文章所说的，那些做得好的地方，但是另外一半，其实靠的是时机和运气。我曾经访谈过很多"做账号"的网红，他们往往会选择多平台分发相同的内容，而且是在同一时间发同一个作品，做了两个月之后，很有可能有一个火了，另外的都没火，并且他们无法解释为什么会这样。所以你可以看出，面对这个复杂的问题，你的分析当然是必要的，但这些分析并没有办法解释这种复杂。这时候，你提的建议就会把问题过分简单化，甚至还可能会过分夸张自己的贡献，所以，建议你不要建议了。

　　另一种常见的问题是提那些泛泛而谈的建议，都是些绝对正确的废话，完全没有任何的操作价值。请注意，你的身份是一名研究者，不是领导在大会上作报告，不用一直那么高屋建瓴。比如我经常看到关于中国国际传播能力建设的研究论文，这个议题本身具有非常强的现实意义，但一部分研究所提出的建议，往往是一些放在任何地方都适用的"狗皮膏药"。例如一说到提高我国国际传播能力，就建议要在生产上协同合作、勇于创新；要在内容上精准传播、激发共情。做什么事情不需要勇于创新、精准传播？你见过哪篇论文的建议是不要创新吗？哪篇论文的建议是传播别太精准吗？你没见过。这些建议可以作为高屋建瓴的政策指导方针，但放在研究论文里，就有一些莫名其妙了，因为它们不需要什么进一步的研究，是早就说明白的事情。

　　那么，怎样的现实贡献才算得上是合理的呢？我想请你来看一个关于刷抖音如何影响睡眠的研究案例。晚上睡前刷抖音这件事，恐怕很多人都干过，研究者王可欣等人通过对中国1050位抖音用户的问卷调查发现，睡前刷抖音会带来更高水平的认知唤醒，这会让人们在第二天白天的时候更可能感到困倦（Wang & Scherr, 2022）。这个研究结论意味着什么呢？在讨论部分，作者如此写道：

> 　　这项研究的现实意义在于呼吁人们提高对无意识媒体使用及其对功能失调影响的认识。从行为的角度来看，为了增加幸福感，控制无意识使用（例如提高个人对此类应用程序的负面影响的认识）似乎是明智的。例如，将TikTok应用程序放置到与智能手机屏幕最常访问的部分分开的文件夹中，或者关闭应用程序的通知，可能是有价值的做法。既有关于媒体使用的研究发现，查看标识或从应用程序接收通知可能会促进无意识滑动行为，这一点对于娱乐应用程序尤其如此（Van Koningsbruggen et al., 2017）。由于无意识使用与日间疲劳之间的联系是被睡眠前的认知唤醒所中介的，因此，也可以考虑一些旨在减少唤醒的干预措施。例如，练习冥想对于减少这种唤醒（Cincotta et al., 2011）和减少对外部刺激的无意识反应（Wenk-Sormaz, 2005）是有效的。此外，调低背景音乐的音量可能有助于减少由高能量、重复的音乐引起的兴奋。尤其是在睡觉前，这些音乐可能会在人们的脑中不断重复，让大脑没办法获得休息（Jakubowski et al., 2017）。

　　请注意，作者在写这些建议的时候，一方面做到了具体、务实，例如他们强调把TikTok放在手机屏幕上的哪个位置，或者关闭消息接收通知可能会帮助使用者避免认知唤醒，又例如冥想在其中的作用；另一方面，作者的建议对应的是他们在研究中涉及到的关键变量，比如因为"无意识使用与日间疲劳之间的联系是被睡眠前的认知唤醒所中介的"，所以"可以考虑一些旨在减少唤醒的干预措施"。这些建议就是贴着研究发现走的，而不是飘在天上的、突兀的。除此之外，在陈述现实意义的写作中，作者仍然在借助既有文献的帮助，证实这些建议本身的科学性。这也是一种很有启发的做法。

局限与未来

没有任何一篇论文是完美的。相仿，也没有任何论文可以宣告一个研究话题的终结。如果你同意这样一个判断，那么，就意味着，我们需要在论文的结尾处，坦率地承认自己的研究有哪些不足，以及在未来的研究中，后续研究者还可以基于我们这个思路，继续去做哪些事情。研究局限与未来展望的书写，恰恰回应了第二讲中我们对于学术研究的比喻：一项盖楼的工程。研究者不仅需要搭建自己的那块砖，也需要告诉其他同领域的研究者，这块砖搭得有哪些可能的不足，以及他们还可以往哪个方向继续搭。

对于局限的认识，既是一种学术品格，也是一种研究水平的体现。当我们阐释自己的研究局限时，其实往往并不是我们自己做得不够，而是我们选择的思路或方法本身就是有局限的，或者在收集数据的时候，数据本身的局限性是难以避免的。比如你选择用大数据方法解决论文中提出的问题，那么它的优点一定是数据量大、解释力强，但它的缺点几乎也是注定的——大数据往往是浅数据，对于那些非常文化敏感的话题，它很可能会得出让我们摸不到头脑的答案。再比如说，很多实验研究的被试都是从大学本科生中招募的，所以有人讽刺社会心理学研究就是"大二学生的科学"（science for sophomore students），但实际上这很难完全解决，因为研究经费有限，我们只能做出很多无奈的妥协。

那么，局限应该怎么写呢？我觉得基本上需要掌握三个技巧。一是坦诚清晰，二是简明扼要。这两个技巧比较容易理解，意思是你不能遮遮掩掩，有什么问题直接说出来，并且不要长篇大论，每个问题一两句话带过就好，毕竟这并不是论文的"核心"信息。相比之下，第三个技巧可能要更加灵活一些：你可以考虑把研究局限和未来展望连在一起写。闫岩等人（2020）研究了百度贴吧中"克拉玛依大火"的记忆结构之变迁，这篇论文的研究局限是这样写的：

本研究的局限主要有三：①首先，LDA主题模型的算法本身存在主观性偏差，会影响结果的输出和结论的阐释；②其次，"克拉玛依大火"这一案例具有特殊性，其结论并不能推衍至整个事故记忆的数字化书写领域；③最后，本文仅仅勾勒出了"克拉玛依大火"记忆结构的变迁轨迹，却并没有——根据现有数据也无法——提供解释性成因。其深入的解释或许应当深入历史的肌理，去解释"让领导先走"这一叙述如何在1990年代的官方报道中诞生，如何在20年间文化和社会语境中被一再重复、扩写和放大，民间记忆又如何在断续的虚拟互动中，书写出——甚至是有意制造出——一个变形的标本。

第一点说的是方法的局限。如果你是匿名评审，会因为这个局限而否认这篇论文本身的价值吗？我想不会，因为这个局限是研究方法本身的局限，而任何一种方法都不会完美。

第二点说的是案例的特殊性，这同样不是作者的问题，而是案例研究这一研究路向本身一定存在的局限，而这一局限并不能否定这篇论文的价值。

第三点说的是研究发现的局限，因为作者的数据没有办法解释记忆结构变迁的成因。怎么才能做到这一点呢？作者进而展望未来，认为后续研究"就当深入历史的肌理"，而这显然超出了这篇论文研究方法所能承担的野心。

读完这段文字，你会觉得作者非常坦诚且清晰地解释了自己研究的局限。换句话讲，作者将自己的研究"能做什么""不能做什么"，以及"未来该做什么"连成了一条线。

再做一个提醒：学生在阅读论文的时候，对研究局限和展望部分往往一跳而过。实际上，阅读一篇论文对未来研究的建议，常常可以成为启发自己研究的"线头"，甚至为自己的研究"正名"。

举个例子，我和我的学生们（董晨宇,丁依然 & 段采薏，2020）合作写了一篇论文，叫做《作为复媒体环境的社交媒体：中国留学生群体的平台分配与文化适应》，讨论的是在欧美学习的中国留学生如何对比性地使用两套社交媒体（例如微信和脸书、微博和推特等），以及不同的使用策略是如何与文化适应策略"捆绑"在一起的？在投稿之前，我突然发现一篇发表在《传播与社会学刊》的论文，名字叫《适应在他乡：陆生在台湾的社交媒体使用与文化沟通》（黄亚楠 & 苏蘅，2019）。虽然这篇论文和我们研究的群体不同，具体情况也不同，但研究的思路和出发点却有不少相似之处。

对于研究者而言，这的确不是什么好消息，因为我们不能无视人家已经做出的贡献，更不能去"重复造车轮"。不过，当我读到这篇论文的最后一句，却松了一口气。作者说自己的研究局限在于"仅从单一的媒体使用进行探讨，未关注到多平台共用的现象，亦忽略了传统媒体和社会网络的影响，未来研究可进一步分析"，而"多平台共用"恰恰是我们很重要的视角。于是我干脆就把它引用到我们的研究论文中，用来证明我们这个视角的价值。

● 小 结

这一讲处理的问题是理论与现实的相遇，更准确地讲，两者之间的关系应该是"双向奔赴"。一方面，我们需要借助既有的理论工具去探索具体的现实问题；另一方面，我们又需要用现实中的新冲突、新矛盾，去反哺我们对于理论的理解。当然，这也呼应了经验研究中"归纳"和"演绎"两种推理逻辑。

理论和现实的"双向奔赴"贯穿在整篇论文之中，尤其在三个部分表现得最为显著：前言、文献综述、讨论。这本讲义也针对这三个部分分别加以说明。至此，我想我已经可以把一篇论文的写作逻辑向你和盘托出：通过"找 GAP"和"搭连接"，我们去完成前言和文献综述的写作；当研究发现准备就绪之后，我们又可以通过相似的逻辑，完成讨论部分的写作。我在这里特别想要强调一点：好研究要做到"事事有回应"。这句话的意思是说，我们在前言中提到了研究问题或现实困境，就需要在讨论中的"现实贡献"部分中做出回应；我们在文献综述中提到了理论脉络，就需要在讨论中的"理论贡献"部分中做出推进。换言之，一篇研究论文应该是一个首尾连接的"圆"。

当然，讲到这里，我们还不能宣称经验研究论文的写作技术已经和你交代完毕，因为我们还没有讨论研究的执行部分。在学术写作中，这一部分对应着研究方法和发现部分的写作。这也是下一讲要讨论的内容。

● 参考文献

曹昂.(2021).城市适应与阶层区隔:流动工人跑步群的媒介仪式研究.*新闻与传播研究*(S1),91-107+128.

董晨宇,丁依然 & 段采薏.(2020).作为复媒体环境的社交媒体:中国留学生群体的平台分配与文化适应.*国际新闻界*(07),74-95.

董晨宇 & 段采薏.(2020).反向自我呈现:分手者在社交媒体中的自我消除行为研究.*新闻记者*(05),14-24.

董晨宇 & 叶蓁.(2021).做主播:一项关系劳动的数码民族志.*国际新闻界*(12),6-28.

黄亚楠 & 苏蘅.(2019).适应在他乡:陆生在台湾的社交媒体使用与文化沟通.*传播与社会学刊*(50),59-97.

李本乾 & 张国良.(2003).中国受众与大众传媒议程设置功能研究.*复旦学报(社会科学版)*(01),114-123.

刘海龙,谢卓潇 & 束开荣.(2021).网络化身体:病毒与补丁.*新闻大学*(05),40-55+122-123.

冉华 & 耿书培.(2021).远虑的冒险家:一项关于健康信息框架对女性HPV疫苗接种态度和意愿影响的随机实验.*新闻大学*(02),85-102+124-125.

闫岩 & 张皖疆.(2020).数字化记忆的双重书写——百度贴吧中"克拉玛依大火"的记忆结构之变迁.*新闻与传播研究*(05),73-93+127-128.

Butkowski, C. P., Dixon, T. L., Weeks, K. R., & Smith, M. A. (2020). Quantifying the feminine self (ie): Gender display and social media feedback in young women's Instagram selfies. *New Media & Society*, 22(5), 817-837.

Buttner, C. M., Gloster, A. T., & Greifeneder, R. (2022). Your phone ruins our lunch: Attitudes, norms, and valuing the interaction predict phone use and phubbing in dyadic social interactions. *Mobile Media & Communication*, 10(3), 387-405.

Cerulo, K. A. (2018). Scents and Sensibility: Olfaction, Sense-Making, and Meaning Attribution. *American Sociological Review*, 83(2), 361-389.

Li, S., Feng, B., & Wingate, V. S. (2019). Give thanks for a little and you will find a lot: The role of a support seeker's reply in online support provision. *Communication Monographs*, 86(2), 251-270.

Lindell, J., Jansson, A., & Fast, K. (2022). I'm here! Conspicuous geomedia practices and the reproduction of social positions on social media. *Information, Communication & Society*, 25(14), 2063-2082.

McCombs, M. E., & Shaw, D. L. (1972). The agenda-setting function of mass media. *Public Opinion Quarterly*, 36(2), 176-187.

Ou, C., & Lin, Z. (2023). Co-presence, dysco-presence, and disco-presence: Navigating WeChat in Chinese acquaintance networks. *New Media & Society*.

Pan, W., Shen, C., & Feng, B. (2017). You get what you give: understanding reply reciprocity and social capital in online health support forums. *Journal of Health Communication*, 22(1), 45-52.

Wang, K., & Scherr, S. (2022). Dance the night away: How automatic TikTok use creates pre-sleep cognitive arousal and daytime fatigue. *Mobile Media & Communication*, 10(2), 316-336.

Zeng Skovhøj, F. H. (2021). Managing everyday communication with strong, weak, and latent ties via WeChat: Availability, visibility, and reciprocal engagement. *Mobile Media & Communication*, 9(3), 513-530.

第四讲

做研究

按照逻辑来讲，当研究者完成了理论与现象之间的连接，便需要带着自己的研究问题，去开展真正的研究工作。当然在实际上的研究流程中，这种先后顺序并不一定成立，而是一直彼此缠绕的。例如，我很可能在做了几个访谈之后，萌生新的想法，或者推翻旧的想法，于是回过头来调整文献综述甚至是研究问题。尤其是对质性研究者而言，这几乎是家常便饭一般的事情。

当我们把"做研究"这部分工作的成果放进论文中时，需要完成至少两部分内容的写作。其一是交代自己使用了哪个或哪些具体的研究方法，其二是交代自己具体发现了什么。

对于前者，也就是如何"写方法"，我必须先要坦白一件事：这本书的目的并不是对研究方法的使用进行全面的指导，因为它既超出了一本书的体量，也超出了我个人的能力范围。我更想和你谈论的是方法部分的撰写，因为在我作为匿名审稿人的经历中，我经常发现研究者的方法陈述是非常粗略的，在我自己的投稿经历中，当然也曾被指出过类似的问题。我想把我总结的经验转达给你。

对于后者，也就是如何"写发现"，质性研究和量化研究的逻辑差别非常大。相比之下，量化研究的发现是高度格式化的，质性研究的发现经常涉及更复杂的逻辑推演。我之前听学生抱怨说，他不知道如何把自己"两三句话就能说明白的发现"，写成几千字。有趣的是，如果你真去阅读一篇高质量的论文，却会发现这几千字的内容，虽然围绕着"两三句话"展开，但着实没有一句废话，删哪里都觉得可惜。在这一部分中，我会结合真实的研究案例，来拆解其中的写作方法。

● 让我们谈谈方法（但可能有偏见）

我们先来讲讲方法。我知道很多人在阅读论文时，会跳过研究方法部分。如果你仅仅是泛读，仅仅希望理解这篇论文的观点，那么，这种"跳过"当然没有任何问题，甚至是非常高效的策略——直接去读最后的结论部分，那里有一整篇论文的精华。不过，也请一定注意，当你有以下三种需求的时候，阅读研究方法部分将会是十分有帮助的。

问题与方法的衔接

第一种需求，是你希望通过阅读这篇论文，感受作者如何将"问题"与"方法"咬合在一起。这其实也是研究方法部分的写作目的——解释作者将要用怎样的方法去解决自己提出的研究问题。通过这些阅读，你可以逐渐培养起自己挑选方法的原则和意识：什么样的问题，适配什么样的方法。

一般来讲，不同的方法擅长做不同的事情。阐释性的问题往往更适合质性研究方法。例如，我的问题是粉丝如何为"追星"这件事建构属于自己的独特意义，那么，或许我应该和一些粉丝去进行访谈，或者干脆加入他们，进行参与式观察；如果我更倾向于建立一种因果关系的解释路径，例如，我的问题是偶然接触到的新闻是否会有助于人们打破信息茧房，那么问卷或实验或许是更有效的方式。

我自己是做质性研究的，在比较量化研究和质性研究时，难免会有偏见。其实在博士期间，我在美国学习了一年的量化研究方法，但总觉得有一些隔膜，这并不是因为我否认量化研究的价值，而是我觉得这种方法无法解决我对这个世界的困惑——我希望去理解不同群体的意义生产（meaning making），这需要我用质性方法钻一口井，而不是用量化方法种一片田。

我经常会在课上举一个例子，一位美国犯罪经济学的博士生被导师派去一个黑人街区发问卷，当地的一个黑帮老大看到他的问卷，直接就无语了——"作为一个美国黑人，你感觉你的生活（A）非常幸福（B）比较幸福（C）说不清（D）比较不幸福（E）非常不幸福"。当问卷把人变成数字进行计算的时候，难免会错过很多情景化的细节，而这正是质性研究希望深描的对象。

不过，质性研究也有自己的问题，我深知其中的局限性。例如，它的样本量一般比较小。你可以做300份问卷，但很难去进行300个访谈。甚至如果你真的做了300个访谈，我的第一反应并不是"很努力"，而是"没必要"。相比之下，量化研究的样本可以很大，近年来流行的大数据方法，动不动就是几百万个样本，它可以播种的面积非常之广，但是它往往很难去纵深；质性研究感觉更像是走到一片麦田里，去挖一口井，我这口井的口是很小的，但我可以挖得很深。所以这两种方法很难说谁更优越，只能说它们各自的分工不同，适合回答的问题也不同。

大部分研究论文会选择使用一种方法，当然，有些研究者也在尝试将不同的方法组合起来，去做所谓的混合方法（mixed method）研究。请注意，选择一种方法还是多种方法，一定是取决于你的研究问题，而不是为了"炫技"。我发现有些初学者很喜欢在自己的论文中罗列三四种方法，显得自己很"多栖发展"，比如既做问卷调查，又做访谈，甚至还搞出来一个"文献法"（虽然社会科学的经验研究中，并没有这个方法），似乎罗列得越多，自己的能力就越强。其实并非如此，这就好比你想做一道糖拌西红柿，然后准备了五口锅，我并不会因此觉得你是一名专业的厨师，而只会认为你根本不会做饭。有一句话怎么说来着……差生文具多。

检验（准）可复制性

方法的重要性之一在于它作为一种程序，证明了这个研究过程的合理性。第二讲里的比喻说：学术研究就像是盖楼，每个人在做的事情，都是基于前人已经做过的，再往上盖一块砖。那么，有没有一种可能，之前别人盖的一些砖块是不合格产品，这样的产品多了起来，整个楼就变成了豆腐渣工程？所以，在评审论文的时候，我们会特别详细地考察论文的研究方法设计。因为如果方法或过程出了问题，你的研究结论就很难让人信服。

我来举一个很有名的例子：菲利普·津巴多的斯坦福监狱实验。在这个实验中，津巴多从斯坦福大学招募了一拨学生，将一个教学楼的地下一层改成一个监狱，学生们就在监狱里待着，一部分人扮演狱警，一部分人扮演犯人。这个研究大概进行了一个礼拜多的时间就被迫中断了，因为津巴多发现，扮演狱警的那些同学真的入戏了，他们开始殴打那些扮演犯人的同学。

当时这个研究轰动一时，不过在2018年，有一位多事的记者采访了当年参与斯坦福监狱实验的学生，让他们回忆一下当时的状况。记者询问其中一位扮演狱警的学生，问他为什么要动手打人。那个学生说，其实自己也不是真的想打人，而是津巴多给了他们钱，让他们吃在这里、住在这里，什么事儿也没发生，他觉得这钱拿得有点亏心，于是想要搞出一些"效果"。

更糟糕的是，当时一段录音被记者扒了出来，津巴多本人在和别人聊天的时候说："有意思的是，两个家伙昨天跑过来和我说他们想离开，我说不行，只有两种情况下他们可以离开。第一，身体出问题需要就医，第二，得了精神病，我想他们会明白他们不可能走出去的。"这句话本身就可能在暗示参与者去制造一些异常的情况。在研究的具体操作中，不管是从方法角度看，还是从伦理角度看，这都是非常错误的做法。那么，这项研究的结论还有多少可信度，就要先打上一个问号，或者至少可以说，需要后续研究的进一步验证。

除此之外，还有一则我印象深刻的新闻，发生在2012年。媒体上说，有一项研究指出，中华民族复兴指数达到了65.3%。当时很多人在微博上嘲笑这个研究——民族复兴到了什么程度，也可以用数字来表示吗？

作为研究者，我的第一反应并不是这个研究的结论不合理，而是它不能只提结论，不提如何得出的这个结论。你既然想要做一个复兴指数，就必须得告诉我你这个指数是怎么测量的。从方法上讲，研究者至少需要提供两个东西：一是概念化（conceptualization），也就是抽象地定义"中华民族复兴"这个概念的内涵；二是可操作化（operationalization），也就是具体地提出对应这个内涵的测量指标。相应的，我们对于这个研究的批判，也应该从两个角度出发：对于"中华民族复兴"的概念化是否得当？通过可操作化提出的这些测量指标，能否对应这个词概念化的内涵。

对于量化研究而言，概念化和随之而来的可操作化是一个非常重要的东西，因为它隐含了一种（准）可复制性（这里面加了一个"准"字，是因为量化研究的可复制性相对较强，但也不是所有研究都有条件去完美复制。例如，如果研究以某些特定历史时期作为前提，我们就没办法去完全复制它）。你请了100个学生去做问卷，得出了一个结论；我完全可以再请100个学生，做相同的问卷，去检验你这个结论是否仍然靠得住。这种研究就被称为复制性研究（replication research）。

概念化的问题并不仅限于量化研究。实际上，对于质性研究者而言，同样存在类似的挑战：如果研究者对于一个概念的理解并不相同，那么，他们虽然做了看似同一目标的研究，但实际上所关注的事情却是有差异的。这有可能造成研究之间相互比较时的困惑。举个例子来说，近几年很多研究者在关注网络不文明（online incivility）这个话题，不过研究结论的差距很大，其中一个原因便是这个概念究竟指的是什么，研究者之间并没有达成共识。

例如，有研究者认为，不文明主要包括三个维度：冒犯性言论、欺骗和打断正在进行的讨论（Stryker, Conway, Bauldry, & Kaul, 2022）。也有研究者认为政治不文明模型包含了粗鲁、个体去合法化和机构去合法化（Bentivegna & Rega，2022）。这两种界定方式有什么不同呢？简单来讲，前者主要说的是个体交往层面的不文明，而后者同时还考虑到了群体层面的政治不文明，指向整个社会系统或政治机制，也就是其中的"机构去合法化"。比如，在网络讨论中对于其他党派的提案不加思考地直接否决，算不算网络不文明，在前者的定义中比较模糊，在后者的定义中，就清晰地被归类了。

从阅读到模仿

我在课堂上一直和学生强调，对于学术写作的初学者而言，模仿是最重要的捷径。请注意，这里的模仿并不是抄袭，也不是一字一句地誊写，而是对逻辑和内容之间关系的把握。

我们可以用研究方法部分来举例子。很多初学者不知道应该在研究方法中写什么，或搞不清哪个先写、哪个后写。这些都是可以通过阅读其他论文的方法部分来学习的东西。或者，你去做一个研究，不知道该用什么方法，这时候你发现有一个研究，虽然和你关注的问题甚至领域都不一样，但它提出的问题结构和你的很相似，那么，你就可以去看看这篇论文运用了什么方法，怎么运用的这种方法。

需要特别强调一件事。如果你模仿的论文本身质量就不怎么高，方法上也不怎么考究，那你在做的事情就成了复制一个旧的错误。因此，挑选读什么论文是很重要的事情（我们会在第五讲展开聊）。必须承认，在中国本土的传播学研究中，对方法的重视是近几年才凸显的。如果你去翻阅十年前的学术期刊（或者更早），你会发现很多研究论文其实并不会详细地交代自己的方法，甚至根本没有方法。不过，如今中文研究论文的规范程度已经有了长足的进步。

● 撰写方法:陈述、解释与辩护

接下来，我邀请你阅读一些中英文研究论文的片段，并和我一起总结研究方法部分的写作逻辑。在方法部分需要交代哪些内容呢？这个问题需要回归到方法部分的写作目的。正如我们刚刚说过的，一篇论文的方法既要契合研究问题的需要，也要交代具体的研究方案，以供后来的研究者检验。因此，研究方法的陈述一般会被粗略地分为四个部分：（1）我用了什么方法；（2）我研究了什么；（3）我是怎样进行的研究；（4）我是怎样进行的分析。

基本框架

在撰写研究方法时，质性研究和量化研究都会遵循上述原则，但在细节上会出现些许不同。接下来，请你阅读两篇研究论文的方法部分。

第一篇是蒋俏蕾等人发表的《生活方式、满足感诉求与叙事吸引力：我国都市网民观看美剧与韩剧的比较研究》（Jiang & Leung, 2012）。这篇论文采取的方法是问卷调查，也就是典型的量化研究，希望考察的问题很有意思：中国网民看韩剧和看美剧所追寻的体验有什么区别？我们来看看这篇论文的方法部分是如何写作的：

数据收集

本研究数据来自一项基于互联网的调查。虽然与在线调查相关的挑战很多，但 Couper（2000）认为，如果调查只针对互联网用户，那么采用这种模式是一个很好的决定。这正是本研究的情况。在三个月的数据收集期间，我们将调查问卷的链接发布在中国第一个类似于 Facebook 的顶级社交网站校内网（2009 年 8 月更名为人人网）（CCID，2009）中，以及全国知名网站（如天涯、搜狐、163、新浪、西奇等）的十大热门在线论坛上。在这些网站上发布的邀请明确告知潜在参与者，这是一项关于外国电视剧在线观看的研究，重点是美剧与韩剧。

在收集到的 470 份答复中，包含 455 份有效问卷。最后的样本体现了大多数中国网民（84.3%）的特征（CNNIC，2009），参与者的年龄间隔在 18 岁至 34 岁之间，由平均年龄为 25 岁的年轻人组成。值得一提的是，本研究的样本中 42.4% 为男性，50.3% 受教育程度为大学，其中 44.2% 曾就读或完成了研究生学位[1]。在职业方面，53.2% 为职业人群，42.6% 为学生。研究只对居住在中国城市的互联网用户进行了研究，因为他们大多数人会在网上观看外国电视剧。

测量

观看偏好和观看频率。在评估观看偏好时，受访者会被询问："美剧和韩剧，你更喜欢哪个？"以及"你喜欢通过哪种渠道观看（地面电视、VCD/DVD、下载/在线或其他渠道）？"关于观看频率，受访者会被询问："你多久看一次（a）美剧和（b）韩剧？"。问卷采取 5 度量表，从 1（从不）到 5（非常频繁）。

价值与生活方式调查（VALS）。本研究采取了 SRI（2009）的 VALS 问卷，其中共包括 35 个问题。由于文化差异，其中两个问题（分别是

---

[1] 互联网在低教育水平的人群中越来越受欢迎，但在非学生网民中，渗透速度明显较低（CNNIC，2009）。

"如圣经所言,世界实际上是在六天内创造的"和"联邦政府应该鼓励在公立学校的祷告现象")被删除,其余的33个问题被用来评估不同的生活方式类型。问卷使用4度李克特量表,其中1代表非常不同意、4代表非常同意。

满足感。在质性的预调研中,我们邀请了15名学生组成一个焦点小组,以更好地了解观看电视剧的动机。他们都是经常观看美剧和韩剧的剧迷。参与者被要求列出从观看外国电视剧中获得的满足。焦点小组讨论的结论与电视观看动机量表(Rubin, 1983)的相关问题结合,一共组成了20个问题。问卷采用了5度李克特量表,范围从1(非常不同意)到5(非常同意)。

叙事吸引力。受访者会被询问:"你如何评价你最经常看的外国电视剧(美剧或韩剧)的叙事吸引力?"问卷使用了语义差异量表,提供了五对反义词(即刺激/轻松、多样/同质、复杂/简单、快速/缓慢、紧凑/冗长),这五对词汇总结自上文的焦点小组讨论。这些答案被用来更好地理解观众如何评价或感知外国电视剧在故事、节奏、推进和剪辑方面的叙事吸引力。语义差异量表被使用来区分美剧和韩剧不同的叙事吸引力。

观看习惯。受访者被请求指出:"以下哪一个是你最常观看外国电视剧的渠道? 1=地面电视, 2=VCD/DVD, 3= 在线或从互联网下载。"

读完以上这部分文字,先说一个题外话:这是一篇非常"规整"的量化研究。如果你想要进行一项问卷调查方法的研究,完全可以参考这篇论文的整个体例:规范且简洁。接下来,我们回到它的方法部分。作者分两个部分对研究方法进行陈述:数据收集、数据测量。在数据收集中，作者交代了两件事：我从哪里找的样本，以及样本呈现出怎样的人口学分布。在数据测量中，作者需要交代自己如何测量研究假设/问题中出现的变量。我介绍过的"可操作化"，说的就是这个工作。

值得一提的是，变量的测量，尤其是抽象变量的测量，不能是研究者拍脑袋自己想出来的，而是需要借鉴既有的量表，比如在这篇论文中，"价值与生活方式"这一变量便借助了SRI的VALS问卷。当然，客观的研究现实是，因为这些量表大多是西方学界制作的，由于文化差异，可能并不完全适用于中国。这时候，微小的调整是允许的，例如这篇论文便删去不符合中国情况的题目。当然，在个别情况下，我们没办法找到合适的量表，例如，作者要测量人们观看美剧/韩剧的满足感来自哪里。因此，作者采取了质性预调研的方式，总结了20种常见满足来源。

总结来讲，这篇论文的方法部分回答了我们上面说到的前三个问题：（1）我用了什么方法——问卷调查；（2）我研究了什么——455份有效问卷；（3）我是怎样进行的研究——交代不同变量的测量方式。说到这里，你可能会有一个疑惑：作者为什么没有交代第四个问题——"我是怎样进行的分析"？这是因为这篇文章所用到的数据运算方式，仅仅是很常规的SPSS，所以在研究方法部分可以被省略。但如果你运用的数据统计方法比较复杂，或者在你所从属的研究领域被引用得并不多，那么，你就应该在方法部分交代自己如何展开数据分析。

质性研究的方法部分同样需要回答这四个问题。接下来，我们再看一个例子：在《复社交媒体环境中的平台摇摆：用户如何、为何使用不同的社交媒体平台》这项研究中，作者解释了人们如何以一种"摇摆"的方式使用不同的社交媒体(Tandoc Jr., Lou, & Min, 2019)。例如,你的手机上很可能同时拥有微信、抖音、小红书的APP,你也会以一种摇摆的方式,一会看看微信、一会刷刷抖音、一会查查小红书。你为什么会这样做,又是如何这样做的呢?为了回答这些问题,这篇论文采取的方法是焦点小组讨论,也就是由研究者组织,与一组被调查者开个"小型座谈会"。因此,这是一项非常典型的质性研究。在方法部分,作者如此陈述道:

①这项研究基于新加坡62名社交媒体用户的一系列焦点小组。参与者是通过在线广告招募的。通过参加90分钟的小组访谈,每人可获得50美元。只有那些使用社交媒体的人被选中参与这项研究。参与者根据年龄分组,千禧一代(18至32岁,18位)、X世代(33至47岁,14位)和婴儿潮一代(48-66岁,12位)各被分为两组。另外两组参与者是在新加坡工作并持有永久居留身份或工作签证的外国国民(18位)。这些组都混合了男性和女性。总体而言,其中有38位女性和24位男性。焦点小组的工作语言是英语。

②这些焦点小组在新加坡一所大型大学中进行。参与者首先被要求签署一份同意书,并被告知访谈将被录音。一位经验丰富的主持人主持了会议,在焦点小组讨论指南的指导下,就新加坡的社交媒体使用提出了一些问题。主持人严格遵循讨论指南,但也被指示在需要时,可以提出后续问题和探索性问题。首先,参与者被问到他们使用什么社交媒体平台。他们想说多少就说多少。接下来,参与者被要求描述他们如何、为什么使用这些不同的社交媒体平台组合。一名研究助理对每一次讨论做初步记录,而研究者则观察了每一次讨论。这些记录后来被转录以供分析。

③研究者使用恒定比较法分析了大约270页的转录数据,这是一种与扎根理论相关的分析策略(Glaser,1965)。在研究者的监督和培训下,三名研究助理进行了三步分析(Tracy,2013)。对于研究助理的培训涉及让他们熟悉研究中的敏感概念(例如,使用的平台、使用的原因、使用的方式),并指导他们进行编码。在开放编码阶段,每个编码员对每份逐字稿进行逐行编码,每一个代码都不断地与前面的代码进行比较,以确定接下来是使用相同的代码,还是需要新的代码,或是需要对以前的编码进行相应修订(Saldaña,2009)。这一过程被不断重复,直到所有转录文本都被每个编码者独立编码。然后,编码员开会讨论在他们各自的分析中出现的代码。

④在确定其各自编码中的代码与研究所涉的具体概念存在概念性重叠之后,编码者继续进入到轴向编码阶段。此时,编码者单独地将他们的代码分组到概念箱中,开始分类过程(Lindlof & Taylor,2011)。最后,研究人员讨论了各自分析中出现的类目,并将相关类别合并为新出现的主题。讨论会一直进行,直到主题得到充分发展,并充分解决了研究问题(Tracy,2013)。我们的结论是围绕每个主题写的,并有来自数据的样本支持。

这篇论文的方法部分被分为四段。

第一段交代了:(1)我用了什么方法——焦点小组;(2)我研究了什么——38位女性和24位男性。

第二段交代了:(3)我是怎样进行的研究——焦点小组具体是如何进行的。

第三、四段交代了:(4)我是怎样进行的分析——其中包括了转录、开放编码和轴向编码是如何进行的。

如果读到这里，你对不同的编码方式还存在疑惑，不用担心，这些概念并不是多么艰涩的知识，你完全可以找一本专门的书（比如《质性研究编码手册》）看一看。当然，我更鼓励你在实践中学习具体的研究方法——去下水游泳，而不是在岸边抱着一本《游泳十日通》一遍又一遍地看。

解释样本

在弄明白撰写方法部分的基本规则之后，我还想强调一个问题，这也是在论文答辩和匿名评审反馈中经常出现的一种诘难：你如何进行研究样本的选择？当然，不同方法有不同的准则，例如问卷调查经常强调样本的代表性，访谈研究经常强调最大差异化饱和原则。不过，无论你使用怎样的方法，都需要对样本的选择进行必要的说明，否则就很有可能遭受这样一种批评：你的研究样本可以回答你的研究问题吗（还记得在第一讲中，我吐槽很多学生在朋友圈里发广告，企图凭此研究中国大学生的社交媒体使用状况）？

在这里我介绍一篇以"文本分析"为研究方法的论文，也是一项我个人觉得在样本选择中处理得很细致的研究——李红涛等人发表的《新冠中的非典往事：历史类比、记忆加冕与瘟疫想象》。我们首先来读读作者是如何选择研究样本的：

①具体而言,本研究选择的媒体包括《人民日报》《财新周刊》两种纸质媒体,"人民日报"微信公众号和"央视新闻"微信公众号两家新媒体平台。其中,《人民日报》和《财新周刊》分别代表官方媒体和市场化专业媒体。在新冠疫情中,无论是新华社、《人民日报》等官方媒体还

是《财新周刊》《三联生活周刊》等市场化媒体,其专业表现和影响力都达到了近年的高峰(李泓冰、周玉桥,2020;楚亚杰、陆晔、沈菲,2020)。相应地,从2020年1月底到2月中旬,公众对疫情信息公开及时性和透明度的评价也呈上升趋势(王俊秀、应小萍,2020)。而从疫情期间公众信息获取渠道来看,中央级权威媒体的重要性仅次于微信和搜索引擎(楚亚杰、陆晔、沈菲,2020),它们也是疫情爆发初期人们最信任的消息来源(王俊秀 等,2020);相比之下,市场化媒体的重要性较低,不过,它们更早介入疫情报道,报道消息来源更为丰富,视角也更加多元(人大新闻系,2020)。其中,财新不仅持续跟踪报道疫情,还在1月下旬开通疫情报道的"限时免费阅读",其安卓版本APP在2020年1月至2月中旬下载量达120余万次(李泓冰、周玉桥,2020)。

②在《人民日报》和《财新周刊》两种纸质媒体之外,之所以选择"人民日报"和"央视新闻"微信公众号,是出于以下三个方面的考量:第一,调查显示,疫情期间,微信是最重要的信息获取渠道(楚亚杰、陆晔、沈菲,2020;王俊秀等,2020);第二,作为央媒的公众号,它们都有非常大的影响力,根据清博指数数据,"人民日报"微信传播指数(WCI)长期居微信公众号第一位,"央视新闻"也长期位居前列;第三,在疫情期间,两家公众号的报道产生了广泛的影响。2020年第一季度,"人民日报"和"央视新闻"发布的疫情推文中,各有数百篇阅读量达到10万+,其累计"在看"数则分别高达640万和165万,在所有微信公众号中居第一位和第三位(张毓强,2020)。更重要的是,它们的疫情报道呈现出与母报母台"有区分度的话语形态"(李泓冰、周玉桥,2020),譬如,"人民日报"2019年12月31日即对武汉卫健委通报作了报道,比母报的第一篇报道早了三周。这既折射了新的新闻生产形态,也展现出官方媒体在新媒体空间中的存在方式。

③本研究涵盖的媒体报道周期从2019年12月31日至2020年5月4日。2019年12月30日,武汉市卫健委下发内部文件《关于做好不明原因肺炎救治工作的紧急通知》,网络流言四起,媒体确认红头文件的存在。12月31日午后,武汉卫健委发布情况通报,称发现27例不明原因肺炎病例,媒体跟进报道。随着疫情进入迅速扩散阶段,在2020年1月中上旬短暂的沉寂过后,专业媒体报道从1月20日起全面铺开。本研究的终点设定在2020年5月2日,当日,全国所有省份的应急响应级别均调整到二级或以下。鉴于《财新周刊》以周为出版周期,资料收集的实际截止日期为2020年5月4日

④我们运用慧科新闻数据库、使用"非典"和"SARS"作为检索关键词收集《人民日报》和《财新周刊》的相关报道、评论或副刊文章,之后人工核查,将提到"非典"但与新冠无关的报道剔除。至于"人民日报"和"央视新闻",我们浏览了样本周期内所有的新冠疫情推文,收集在文字、图片和视频中提到"非典"和"SARS"的全部内容。样本报道总共482篇,其中《人民日报》最多,共211篇;《财新周刊》和"人民日报""央视新闻"数量相当,分别为85、91和95篇。

作者一上来就交代了自己选择的样本包括两类媒体,一是《人民日报》和《财新周刊》两份纸质媒体,二是"人民日报"微信公众号和"央视新闻"微信公众号两家新媒体平台。于是,接下来作者便有义务向我们解释,选择这两类四种媒体选择究竟是出于什么原因。

在第一段中,作者解释了选择两份传统纸媒的理由:无论是官方媒体还是市场化专业媒体,其专业表现和影响力都在疫情中达到了近年的高峰。中央级权威媒体的重要性毋庸置疑,而市场化专业

媒体则是较早介入到疫情报道，它们的报道消息来源更为丰富、视角也更加多元。

值得我们注意的是，作者在这一段的论述逻辑上采取了"从宽到窄"的技巧。作者先交代"市场化媒体更早介入疫情报道，报道消息来源更为丰富，视角也更加多元"，以证明选择市场化媒体进行分析的必要性，接下来继续告诉读者"财新不仅持续跟踪报道疫情，还在1月下旬开通疫情报道的"限时免费阅读"，其安卓版本APP在2020年1月至2月中旬下载量达120余万次"，以此证明财新就是一个重要的市场化媒体。这样一来，选择财新进行分析就是顺理成章的事情。

在第二段中，作者继续解释为何要选择"人民日报"和"央视新闻"两个微信公众号进行分析。作者给出了三条理由：第一，微信是最重要的信息获取渠道；第二，作为央媒的公众号，它们都有非常大的影响力；第三，它们的疫情报道呈现出与母报母台"有区分度的话语形态"。最后一点很重要，如果它们与母报母台没有任何差距的话，那么选择了《人民日报》进行分析，就没必要再选择"人民日报"微信公众号了，因为这是没有必要的重复和冗余。

作者在解释完选择了什么样本之后，便在第三段解释选择这些样本的哪个周期进行分析。作者不仅给出了答案，也就是"从2019年12月31日至2020年5月4日"，还对这两个时间点进行了合理的解释——"数据截止到2020年5月2日"，因为"当日，全国所有省份的应急响应级别均调整到二级或以下"。

接下来的第四段，作者进一步说明了如何搜索并获得了最终的样本。

读完之后你一定会和我有一样的感受：作者选择的研究对象，

以及从更细致的层面看，作者选择的具体的研究样本，都是非常有说服力的。

为方法辩护

虽然上面介绍的研究对自己的研究样本选择做出了非常精美、有说服力的阐释，但也不得不承认，因为各种现实因素的限制，我们收集到的数据其实往往并不能尽善尽美。那么，我们要不要因为这些不完美而放弃研究呢？当然不能做出这么武断的决定。相反，我们需要做的事情，就是尽力动用可以触及的资源，完成这项研究。

当然，这并不意味着我们要隐藏自己研究的缺陷，恰恰相反，我们需要做两件事：第一是在论文的结尾"坦白"自己的研究局限，并指出未来可以进行的工作，这部分内容的写作，我们已经在第三讲中介绍过了；第二是在研究方法部分，我们需要尽力为自己的研究资料和研究方法进行辩护。

举个例子，吴世文和杨国斌（2018）曾经在研究中探索过那些消逝的网站。这些网站年代已然久远，已无法对其进行完整的收集和整理，但它们在互联网史研究中是非常重要的一环。在这篇论文的方法部分，作者首先如此陈述道：

本文收集资料的方法与过程如下。首先，基于前期研究和在百度与谷歌中搜索"消失/消逝的网站"的结果，列出消逝的网站的初步名录。其次，在2016年5月9日至13日集中检索资料，使用关键词"回忆/记忆/怀念/悼念/纪念/想念+网站名称"于百度、谷歌、新浪微博、天涯论坛、百度贴吧、豆瓣小组中分别检索。再次，循着已找到的线索,采用滚雪球方法补充检索。然后,补充收集媒体报道和网络专题,求证有争议的资料的真伪。最后,删除主题不明确或表达不清晰的资料。本文最终获得成篇的记忆文章133篇,不成篇章的文字120节(包括关闭公告与讣告23篇/节),共提及网站277个。需要指出的是,部分媒体报道保存了网友的记忆,因此,本文引述这些报道,将其作为佐证性的材料使用。总体上看,本文处理了综合性的材料,但以网友的记忆为主。

读到这里,你一定会有一个问题或者质疑:作者收集的文本仍旧是比较碎片化的,并且有可能最后聚焦的是那些大家比较熟悉的网站。如果我来搜同样的内容,可能和作者搜的不一样。这样一来,我们研究得出的发现是不是有可能也会不同呢?所以,作者在此时就必须为自己的方法进行辩护:

上述资料收集方法所得,偏重有影响的网站和使用关键词搜索易于获得的回忆文章,容易遗漏小型网站。不过,这不会影响本文的分析。一方面,网友对网站的记忆散落在网络空间,无法穷尽,而且有些已经丢失,无法全部获得(Ben-David,2016)。另一方面,本文无意揭示所有消逝网站的历史,而是从我们所关注的理论问题出发,分析探讨关于消逝网站的记忆叙事,如何形成新的媒介,又呈现出哪些内容。从这个角度来看,我们收集到的样本,为我们的分析提供了较为充足的资料来源。

作者首先承认了对小型网站的遗漏,但同时又提出了两个理由,说明这些遗漏并不会影响自己的研究。第一,没有人能搜得全,这是客观情况。并且，值得注意的是作者还援引了一篇Ben-David的论文，支撑自己这个理由。第二，这篇论文的目的，也不是做一个大而全的历史性梳理，相反，它的问题意识在于"叙事"。从这个角度来看，作者提供的材料已经足够支撑这一研究目的了。

我们在自己的研究中也遇到过很多数据收集过程中的"无奈"。我和叶蓁、米莎·卡夫卡（Misha Kavka）合作的论文使用访谈方法，考察了中国秀场女主播进行的性别化的关系劳动（gendered relational labor）（Ye, Dong, & Kavka, 2021）。如果你来做这个访谈，你是希望面对面地聊天，还是用线上访谈的方式呢？理想情况是面对面访谈，效果在大部分情况下都会更好。不过，秀场女主播这样一个群体本身就是非常自我封闭的，她们并不愿意轻易相信一个陌生人的邀请，即便对方声称自己是一位专业的研究者。最后我们的访谈基本上都是通过电话和文本消息来完成的。此时，我们也需要为这种缺憾进行一定程度的辩护：

因为研究参与者的居住地在地理上分布较广，我们使用了不同形式的线上沟通方式进行了访谈，其中包括视频电话、语音电话和文本消息，而不是传统意义上的面对面访谈。在时间安排、地点选择方面，线上访谈对访谈者和被访者都能带来益处，这同时也会让双方更加舒适，以至于更为乐意进行开放和诚实的交流（Nehls, Smith, & Schneider 2015）。同时值得注意的是，因为从事主播职业，我们的参与者对于线上交流渠道十分熟悉。有鉴于此，我们认为，我们的研究方法和传统上的面对面访谈一样有效，也可以为我们提供可信的实证数据，用以回答我们的问题。所有访谈都是用中文普通话进行，不过，出于分析需要，发现中的引言被研究者翻译成了英文……为了保护被访者的信息，出现的所有名字皆为化名。

请注意，在这一段中，我们使用了两个理由为自己的方法辩护。第一个理由是比较广义的，我们认为线上访谈也有自己的优势，例如方便安排时间和地点，让被访者更加舒适和开放。这些理由毕竟是空口无凭，我们必须使用 Nehls 等人的论述作为支撑。第二个理由是比较狭义的，聚焦于秀场女主播这个特殊的群体，这些人本来对于线上交流就十分熟悉，所以使用电话和文本进行访谈，效果不会受到太大的减损。当然，也请一定注意，辩护不是狡辩，在进行这项工作的时候，需要你适当寻找一些证据的支持，同时也要站在读者的角度上，思考一下你的辩护在多大程度上会被接受。

● 撰写研究发现

研究发现这一部分，量化研究和质性研究存在着非常大的差别。相较质性研究，量化研究发现的表达要结构化得多、篇幅要短得多，坦诚来讲，难度也要小一些。因此，我们先花一点时间，用一个案例来介绍量化发现的写作原则。接下来，我们会把更多的篇幅留给质性研究。

量化研究发现的写作原则

量化研究发现的写作原则是什么呢？七个字足以概括：一个萝卜一个坑。

这里面讲的"萝卜"，就是你在文献综述中提出的一个个研究假设或研究问题。在研究发现部分，你要做的事情，就是来回应这些研究假设是否成立、研究问题的答案是什么。因此，量化研究结论的写作原则可以被总结为三句话：**假设/问题是什么、数据是什么、结论是什么**（是否支持我的假设）。为了更好地理解这三句话，我们来看看潘文静等人（2017）对于网络健康支持论坛中社会支持互惠性的研究，是如何撰写研究发现的：

平均来看，我们样本中的用户从 11.51 位其他用户（SD = 25.75）那里收到了 29.23 个回复（SD = 44.07）。当然，他们也向 11.51 位其他用户发送了平均 29.23 条回复（SD = 58.19）（SD = 33.50; 见表 1）。

我们预测了用户被回复和回复（假设 1）、入度和出度（假设 2），还有平均被回复长度和平均回复长度（假设 3）之间的互惠性。Pearson product correlation 分析表明，用户数量的被回复量和回复量呈正相关，$r(2059) = .49$, $p < .001$。用户的入度与出度呈正相关，$r(2059) = .52$, $p < .001$。用户平均被回复长度与平均回复长度正相关，$r(2059) = .66$, $p < .001$。因此，假设 1、假设 2、假设 3 均得到支持。

假设 4 预测桥接型社会资本（以中心性衡量）与被回复来源多样性之间存在正相关关系。回归分析显示，在 $M = 0.77$, $SD = 7.57$ 之间预测到了回复来源多样性（$M = .85$, $SD = .08$），$\beta = .08$, $t(2059) = 3.63$, $p < .001$。桥接型社会资本解释了被回复来源多样性的显著差异，$R2 = .006$, $F(1,2059) = 13.20$, $p < .001$。因此，假设 4 得到了支持。

假设 5 预测桥接型社会资本与平均被回复长度之间存在负相关关系。因为平均回复长度也与平均被回复长度高度相关（假设 3），它作为对照组被纳入回归模型。桥接型社会资本（$M = 0.77$, $SD = 7.57$）负向预测了平均被回复长度($M = 155.81$, $SD = 64.68$)，$\beta = -.05$, $t(2058) = -2.91$, $p < 0.01$。桥接型社会资本能解释在平均被回复长度里的显著差额，$\Delta R^2 = .002$, $F(1,2058) = 811.03$, $p < .01$。因此，假设5得到了支持。

假设6预测结合型社会资本（通过约束衡量）与平均被回复长度之间存在正相关关系。当我们控制平均被回复长度时，结合型社会资本（$M = .05$, $SD = .03$）明显可以预测被回复的平均长度（$M = 155.81$, $SD = 64.68$），$\beta = .06$, $t(2058) = 3.51$, $p < .001$。结合型社会资本解释了平均被回复长度的显著差额，$\Delta R^2 = .003$, $F(1,2058) = 814.50$, $p < .001$。因此，假设6得到了支持。

假设7预测结合型社会资本与被回复来源多样性之间存在负相关关系。由于桥接型社会资本也与被回复的来源多样性显著相关，它作为对照组被纳入回归分析。结合型社会资本（$M = .05$, $SD = .03$）负向预测被回复来源的多样性（$M = .85$, $SD = .08$），$\beta = -.38$, $t(2058) = -18.69$, $p < .001$；结合型社会资本解释了回复来源多样性的显著差额，$\Delta R^2 = .14$, $F(1,2058) = 182.38$, $p < .001$。因此，假设7得到了支持。

简单来说，量化研究发现要做的事情，就是先用一段的篇幅来描述一下样本的基本情况（这也被称为描述性统计）。接下来，作者要做的事情就是一个萝卜一个坑地循环完成刚刚我们谈到的三句话。

你可能会有一个疑问：如果我想说说某一个发现背后隐含的意义，怎么办呢？很简单，请在发现部分憋住了，留在讨论里慢慢聊。在量化研究发现中，这种就事论事、简单干练的写作方式客观上缩小了写作篇幅、降低了写作难度，同时又极大地提高了呈现发现的清晰度。但很遗憾，质性研究很难模仿类似的写作原则，因为在质性研究的发现中，经常会出现各种各样的"叙事"，段落之间的逻辑关系也更加彼此"缠绕"。这样一来，我们就必须要寻找另一种更加奏效的写作方法。

我把质性研究发现的书写原则简要地总结为九个字：搭骨架、填血肉、梳筋骨。

质性研究发现的写作原则1：搭骨架

质性研究的发现如何写作？这个问题让很多写论文的新手头疼。这里说的头疼，主要疼在两个地方：一方面，我发现我洋洋洒洒写了一大堆，却神形俱散，啥都写了一些，却很难找到一个线索把这些"细节"拎起来，最后读起来就像是一只无头苍蝇，到处乱撞；另一方面则正好相反，我发现我想表达的观点，其实两句话足够说明白了，搞不懂为什么这些研究者竟然可以写几千个字。如果我们把这两个痛点再说得凝练一些，前者面临的问题是如何为我的研究发现"搭骨架"，后者是如何为我的研究发现"填血肉"。

对于第一处痛点，我想特别强调一件事情：请一定牢记，研究发现的目的是回答研究问题，这句话对量化研究和质性研究都适用。研究发现写得是不是清晰，其实很大程度上取决于这项研究所提出的问题是不是清晰。如果你的问题都逻辑不清晰，你的发现一定也写不明白。换句话讲，你的问题提得就到处乱撞，你的研究发现怎么可能写得紧凑、凝练呢？我们来看一个案例。林仲轩和杨柳（2021）的研究考察了"残障者的互联网工作实践"。作者在导论部分如此描述自己的研究问题：

本研究试图回答以下研究问题：如何从残障者视角剖析技术应许与脆弱生命之间的内在张力？具体而言，将考察以下细分问题：在中国特定的残障治理脉络下，互联网对于残障者的技术应许是如何通过在地化的实践和体验展现出来的？这些乐观应许的背后又是残障者怎样脆弱不安的生命体验和主体生成？

我们首先用更通俗易懂的方式来梳理一下这个研究问题：在互联网时代，残障者获得了一定程度上的便利去进行工作。例如，不方便出门的残障者可以通过互联网在家办公，进而达成了一定程度的自我价值实现，这是"技术应许"。但互联网也可能在解决旧问题的同时，为这些残障者带来新的麻烦，例如互联网中的暴力和欺骗，可能让他们承受了额外的情感压力，这是"脆弱不安"。因此，作者的问题其实按照这样的逻辑被一分为二。问题的逻辑是清晰的，自然而然，研究发现也就很容易形成"骨架"。在这篇论文中，作者将研究发现分为了两个部分：一方面是技术带来了哪些应许，作者提了两种应许——发现个人价值、建立社会关系；另一方面是技术带来了哪些不安，作者又提了两种不安：承受情感压力、生成忍耐主体。这样一来，整个研究发现的逻辑也就非常清晰且聚焦了。

再举个例子，孙萍老师团队发表了一篇关于女骑手性别展演的研究论文：《平台、性别与劳动："女骑手"的性别展演》（孙萍、赵宇超、张仟煜，2021）。我们首先来看论文的三个研究问题：

（1）女性如何参与平台经济下的数字劳动实践？

（2）在劳动过程中，性别与平台的交互产生了什么样的性别展演？

（3）这些性别展演在多大程度上维系或挑战了现有的性别秩序？

这三个问题之间具有怎样的逻辑关系呢？我觉得可以从两个角度进行分析。

一方面，这篇论文的标题是"性别展演"，这也是作者要解决的核心问题。那么自然地，研究问题也要围绕着这个关键词去展开。作者之所以把性别展演放在第二个问题，是因为在描述性别展演之前，作者首先需要搞明白女性是如何参与到这场数字劳动的实践之中的，只有在此基础之上，才能谈到性别展演的问题。而完成了对性别展演的描述之后，作者又需要更深一层地去解释这种展演意味着什么，也就是我们在第一讲中提到的"so what"。因此，作者的第三个问题要去考察这种展演如何影响了既有的性别秩序。

另一方面，质性研究的研究问题经常会出现一个逻辑"套路"，一部分问题聚焦到"描述"，另一部分问题聚焦到"解释"。描述是进行解释的基础，解释又让描述得以通向更深层的研究价值。在这个研究中，作者的前两个问题更加偏向描述，第三个问题则更加偏向解释。这种提问的节奏会让研究发现更加立体、更有层次感。

那么，作者是如何架构这篇论文的研究发现呢？很可能有人会自然而然地推论说："研究发现可以分三个部分，每个部分回答一个问题。"不过问题在于，女骑手的劳动实践、性别展演，以及实践和展演对性别秩序的影响，都会呈现出非常复杂的面貌。这里面可能包含女骑手对自我性别的认知（女性适不适合送外卖？）、如何才能将体力的弱势转化为优势（保安可能会对嘴甜的女外卖员更宽容）、是否会建立女性外卖员的社群（建立外卖姐妹微信交流群）。实际上，我们上面所列举的种种复杂图景意味着，如果按照这三个研究问题来分三部分撰写研究发现，很可能每一部分的内容都会很庞杂，让读者看得云里雾里。如何解决这个问题呢？在这篇论文中，作者的方法是引入了另一个分类维度：自我、人际和群体。这样一来，研究发现部分就变成了3×3的"填空题"（见下表）。

	劳动实践	性别展演	性别秩序
自我	"别人能干我也能干"	通过赋予工作"无性别"的特征，淡化自身的性别气质	一定程度挣脱了被凝视、被评价的外貌束缚，并开启了新型城镇打工家庭的家务分工重组
人际	承认并利用"弱女子"的身份，来积极调度周边资源、寻求帮助	通过"示弱劳动"将性别身份与骑手身份进行了对接和融合	一方面延续了传统的父权制性别分工；另一方面最大限度地实现自身利益最大化
群体	加入微信群，与其他"姐妹"建立关系	不再强调女性传统的勤劳、顾家、隐忍等性别规范；相反，强调独立自主、敢于挑战、团结一致	促成了原本"边缘化"小团体建立紧密关系

　　总结一下，研究发现的逻辑想要理顺，首先我们需要理顺研究问题之间的逻辑。因此，我可以做一个类比，质性研究发现部分的写作，更像是填空题，而不是论述题。你需要做的事情，是将你的研究发现填进你在研究问题中留出的空间，这样的写作一定可以更好地保护你的逻辑性。因此，我自己在写作研究发现时，通常会首先依据自己的研究问题，列出一个大纲：我要把研究发现分为几个部分，每个部分回答的是哪个问题。每部分要通过几层逻辑（可能是并列，也可能是递进）来加以阐释。各个部分之间的关系又是什

么，哪些偏向描述，哪些偏向解释。当然，这仅仅是我个人的习惯，供你参考。

质性研究发现的写作原则Ⅱ：填血肉

说完了搭骨架，我们再聊填血肉。在这部分中，我们需要学习的是如何把自己的研究发现写出"层次感"。经常有学生向我提问说："很多研究发现一句话就可以说清楚，为什么研究者可以写很长？"这种疑问落实到很多硕士、博士的毕业论文写作中，就变成了一项被称为"凑字数"的工程：这个观点必须写2000字，要不然字数不够了。最后的结果，就是"车轱辘话来回说"，不光读者的体验非常糟糕，你自己看了都嫌弃自己。

实际上，研究发现可以用一句话说明白，本身并不是什么坏事，甚至反而证明了你的观点突出、聚焦。不过，请相信我，对于一句话的观点进行阐释，本身可以形成一段非常有"质感"的、立体的论述。我来举个例子，我和束开荣、刘海龙合作发表了一篇论文，名字叫《超越"弹性时间"：中国外卖产业的平台劳动及其时间政治》（Shu, Liu, & Dong, 2023）。我们的核心工作有两项：首先是偏描述性的，也就是确定美团平台、第三方分包商和骑手主导的三种时间类型。我们认为，美团平台是以"订单"为单位，建构了"事件时间"；第三方分包商是以"工作日"为单位，建构了"日常时间"；骑手则通过外挂、点击器等方式，建构了"盗猎时间"。接下来的第二个发现是偏解释性的，在这三种时间类型中，我们希望呈现出不同行动者之间的权力互动。

我们以第三方分包商为例，它所主导的时间类型被我们称为

"日常时间"，也就是骑手每天、每周或每月重复发生的工作时间。这个概念本身并不难理解：为了方便管理骑手，第三方分包商一定会为这些骑手制订"规矩"，例如什么时间上下班，需要上多久，等等。不过，说到这里，问题就来了，我似乎已经用上面短短两句话解释了这一部分的研究发现，那么接下来，我们还能写点什么呢？

我们在方法的写作部分曾经讲过一个观点：量化研究如同播撒片田，质性研究如同深挖一口井。既然是挖井，那么，你能得到的数据就一定更强调"深度"。当你不知道如何展开一个观点的论述时，不妨去思考一下你的数据有怎样不同的"层次感"（当然，你能展现出怎样的层次感，和你的质性编码质量息息相关）。对于上面这个例子，我们询问了自己几个问题：

第一，第三方分包商是一个同质化的整体，还是其中有不同的细分？对于外卖行业而言，劳务公司可以被粗略划分为两类：一类是外卖站点（往往设立在骑手工作的城市，主要对接专送骑手），另一类是第三方劳务公司（往往设立在异地，主要对接众包骑手）。那么读者自然想知道，这两类不同的分包商在建构日常时间方面有何相同和不同？它们有相同之处，意味着它们可以被一起归类在"日常时间"之下；它们有不同，则意味着研究者需要深描其中的纹理。

第二，第三方分包商在建构"日常时间"的过程中，是否会出现意外？例如，一些骑手在暴雨天可能不愿意跑单，但同时，人们又因为暴雨天不方便出门，更多地选择点外卖。第三方分包商如何解决这一矛盾？再例如，一些骑手接到的派单距离太远，没办法按时完成，第三方分包商是否有办法进行干预？如果这些问题都是真实存在的，那么，这些"例外"是否会破坏日常时间，威胁到这篇论文的研究发现，还是会被吸收进日常时间之中？如果我们可以对这些问题进行充分的阐述，我们的立论就可以更加牢固。

第三，如果说第三方分包商主导了日常时间，这意味着它在这一时间类型中占据了绝对的控制权吗？平台是否会对第三方分包商的权力进行制约？骑手在与第三方分包商产生冲突时，又该如何解决？请注意，这些问题已经从事件类型的描述，进展到了权力关系的解读。这其实对应着这篇论文的第二个研究目的。

在描述完三个具体的问题后，你会发现，看似一句话就能说明白的"日常时间"，其实并不简单，这三个问题分别对应着"日常时间"的解释、补充说明和权力结构阐释。因此，这部分的研究发现也就可以依照这三个问题逐一展开了。了解了我们在构建研究发现过程中的思考逻辑，我想邀请你读一读最终的成稿：

日常时间：使动员常规化

在本文所关注的外卖服务中，专送骑手的工作时长和工作节奏由外卖站点管理，而众包骑手的劳动时间则通常由第三方劳务公司管理。站点和劳务公司为骑手构建的时间结构被称为"日常时间"，即骑手每天、每周或每月重复发生的工作时间。

1.外卖站点和劳务公司建构的时间结构

外卖站点和劳务公司以不同的方式为骑手构建日常时间。外卖站点以不同地点产生的稳定订单量为参考，将城市商业集群划分为具有实际有效边界的片区网格。每个片区所覆盖的城市空间范围在3至8公里不等。一个站点在一个片区内享有相对稳定的订单流入，这也是建立"日常时间"的前提。正如罗岗外卖站点的经理大张解释的那样："每个专送站点覆盖的区域范围主要是看单量。经过一段时间后，订单量会逐渐稳定,也就规划出一个比较稳定的片区。"

由于客户需求相对稳定,订单在一定范围内的空间管理也会比较严格。在这种情况下,站点会为专送骑手安排早、中、晚三个班次,午高峰和晚高峰的劳动时间一般是固定的,这与"弹性时间"构建的无规则劳动相去甚远。在现实中,骑手的劳动时间类似于一个系统的劳动模型,也会有打卡上班和下班机制。对于站点而言,这种机制的作用是响应客户随时可能发起的订单。通过这种方式,来自客户的时间压力便可以被融入到一个站点的"日常时间"中,以形成客户和骑手之间的即时反馈循环。

然而,由于骑手对平台劳动的熟悉程度和经验不同,新骑手每天得到的订单与经验丰富的骑手相差甚远。为了平衡骑手的工作时间,站点对骑手的接单上限也会进行常规和动态的调整。这种形式的人工干预构建了一种不同于基于算法自动订单分配的时间结构。一则骑手微信群里的紧急公告说明了这种干预:紧急通知:今日完成单限制为45单,如现在已超过45单,需要在晚高峰结束后及时下线(例子:截至3点已完成38单是否可以? 答:可以,但是晚高峰结束后及时下线不要再接单。)。

与站点相比,劳务公司以周为最小单位将"日常时间"常规化,并以提供算法特权的平台名义定期发布"跑单计划"(例如"快乐跑单计划")。这种数据驱动的游戏化(Van Doorn and Chen,2021)使得劳务公司可以重新分配劳动力资源,建立相对稳定的工作节奏。众包骑手可以申请这些计划,接下来,劳务公司会根据他们的送单数据选择合格的候选人,并与他们签订为期一周的协议。在这一周的时间里,算法将在分配高质量订单时优先考虑这些被选中的众包骑手,这些骑手则需要在规定的时间内接受订单,并最终完成所需的订单量。这些计划可以被续签。正如一位名叫小束的众包骑手解释的那样："许多众包骑手都很乐意参与'快乐跑单计划'的一部分。它给人的感觉有点像上班打卡。我们就是'众包骑手'中的'专送骑手'。劳务公司用这样的激励计划来调动我们。"

概而言之，外卖站点和劳务公司在与骑手和平台的动态关系中创造了不同于弹性工作时间制度的"日常时间"。更重要的是，这确保了劳动力的可持续输出。

2.例外时间的常规化

对于劳动站点来说，劳动力的可持续输出关键还在于将"日常时间"中的例外情况常规化。例如，通过积极干预，劳动站点将特殊时间段（如恶劣天气）转化为常规的劳动时间模式，从而确保其效率。下面是在梅雨季节到来的前一天，站点经理在微信群中发送的通知：明天触发恶劣天气，休息日骑手要出勤，总单量不少于30单，在线日骑手，40单以上，9小时，4.5高峰时长。

对于站点来说，雨天是"日常时间"结构中的一个特例。为了将这一例外作为"日常时间"时间结构中的一部分，站点会发布关于跑单持续时间和最小跑单目标的具体规则，以保持在特殊时间段内对其片区中的订单进行相对稳定的处理。

此外，由于骑手资源有时无法与商区内激增的订单相匹配，尤其是在高峰时段，一些订单将不可避免地无法派发。

为了尽力确保在高峰时段顺利完成订单，站点经理会首先尝试将算法无法分配的订单转给繁忙的专送骑手，使其看起来像是在跑单过程中，然后再将这些订单重新分配给其他空闲的骑手。这种"例外"的常规化被称为"挂单"。

"挂单"体现了站点对算法控制的系统性干预，在这种本地化劳动的场景下，分配订单的权力已经从平台/算法转移到本地外卖站点。此外，在订单的"二次分配"中，站点和专送骑手之间的动态互动进一步维持了"日常时间"对于骑手工作节奏的常规化。

3.站点的自我约束

值得注意的是，站点对"日常时间"的主导并不能保证其中心地位。更具体地说，平台、站点和骑手之间的动态协商使得站点主导的"日常时间"无法形成一种对劳动力的集中控制机制。在美团的案例中，无论是平台的投诉渠道，还是来自骑手群体的集体"挑战"，都对站点的自我约束起到了重要作用。

平台会积极维护一个城市中不同站点的整体平衡，以最大限度地提高每个片区的服务质量和效率。虽然平台已将骑手的管理权下放给站点，但它仍努力为骑手提供一个投诉不当管理行为的在线渠道。通过该反馈机制，平台能够监控站点的任何违规行为，这进一步确保了平台经济更好地符合越来越严格的法律和公众评价。

这种务实的策略使平台能够防止站点过度剥削骑手的剩余价值。这可以从骑手拨打平台的服务热线，绕过他们的直接主管（即站点经理）提出投诉，并以此迫使站点经理采取行动的行为中反映出来。为了避免麻烦，站点经理大张在微信群里警告他的骑手们："拨平台热线并不能解决问题，顶多结果就是我被罚款，到头来你也不会有好日子过。所以，如果你有问题，站点是最能帮你解决的地方。"

此外，有经验的专送骑手非常了解站点与平台之间的关系，并会利用这一点，通过集体抵制"日常时间"的不合理安排，迫使站点采用更合理的"日常时间"结构，比如深夜配送（晚上11点后送单）问题。一位名叫大徐的专送骑手解释说："为了成为外卖平台外包服务商,站点通常会在平台上存有一大笔押金,这让他们害怕被举报。在这个站点,不少骑手曾集体抵制过深夜配送,最后,站点经理只好请骑手们吃饭,来安抚我们。"

因此,在骑手、站点和平台之间存在着持续的"平衡"。尽管这种平衡并不平等,但其过程揭示了中介组织如何在技术和资本的宏观实体(平台)和为平台工作的微观个体(骑手)之间构建灵活而稳定的时间结构。

质性研究发现的写作原则Ⅲ: 梳筋骨

稍作回顾,在质性研究发现的写作原则中,我和你强调了"搭骨架"和"填血肉"的意义。前者关乎你的写作是否清晰,后者关乎你的写作是否有质感。在这两个原则之外,我还要强调第三个原则: 梳筋骨。这三个字关乎的是你对一个观点的论述是否有清晰的逻辑递进。如何展现这种逻辑递进呢?我想提供一个模板供你参考,虽然任何"模板"都难逃"刻板",但对于学术写作的初学者而言,模板可以帮你学会"走",少摔跤,但模板不负责教会你如何走得灵动、跑得飘逸。

这个模板由八个字组成:论点、解释、证据、意义。我来进一步说明:你的研究发现可能包含若干论点,按照"搭骨架"的原则,这些论点需要环环相扣,或者说,这些论点之间需要形成恰当的逻辑关系,这是我们已经说明了的事情。不过,一个论点应该如何展开呢?我们的第二个原则"填血肉"讲的是质感问题,也就是说,你需要用足够多的细节去丰富你的论点。不过对于初学者,如何

"填血肉"，可能仍旧是一件麻烦事。因此，我预备给出一个比较清晰的方法。

首先，你需要在第一句话就提出你的**论点**，比如我们提出了"日常时间"这个概念。如果你的论点比较抽象，你还需要进一步**解释**这个论点究竟是什么意思。当然，在日常时间这个案例中，我们分成了两个部分来进行解释：外卖站点如何为专送骑手建立日常时间、劳务公司如何为众包骑手建立日常时间。在完成了解释之后，我们还需要通过例子来为这个论点提供**证据**。在质性研究中，常见的证据包括引用被访者说的话，讲述田野中的故事，等等。当论点、解释、和证据的"基础三件套"完成之后，我们还要说明这个论点对于整篇研究论文的**意义**是什么，或者有什么更深层次的内涵。在"日常时间"这个案例中，我们把这个意义总结为骑手、站点和平台之间的持续动态平衡。

为了理解如何在研究发现中完成"论点、解释、证据、意义"的论证循环，我再举一个例子。这篇论文我们在前面提到过，名字叫《分享与 Web 2.0：一个关键词的出现》（John, 2012）。在这篇论文中，作者的核心工作是考察社交网站如何使用"分享"这个词，它们的使用与之前有何差别。其中，作者提到了这样一个论点：以前社交网站在文案中使用"分享"一词时，后面衔接的往往是具体的对象；如今社交网站在使用"分享"一词时，则加入了很多模糊的对象。这个论点似乎非常简单，但如何才能完成论证并体现其深意呢？

按照"论点、解释、证据、意义"的原则，这个论点的论证需要完成以下几项工作。

第一，我们需要首先处理论点的前半部分，也就是"以前社交网站在文案中使用'分享'一词时，后面衔接的往往是具体的对象"。我们需要提出这个**论点**并**解释**这个论点，以及摆出**证据**。

第二，我们接下来需要处理论点的后半部分，也就是"如今社交网站在使用'分享'一词时，则加入了很多模糊的对象"。同样，我们需要提出这个**论点**并**解释**这个论点，以及摆出**证据**。

第三，在对比结束之后，我们需要进一步说明这种变化的**意义**是什么。

接下来，我想邀请你去阅读作者在论述这个观点时写出的三段话，你会发现，"论点、解释、证据、意义"的原则在这三段话中被非常清晰地呈现出来：

如果我称分享的对象是具体的，我的意思是我们立即可以知道分享的是什么。这方面最明显的例子就是照片：当 Flickr 标榜自己是"存储、搜索、分类和分享照片的最佳方式"时，我们确切地知道分享的对象是什么。同样，当社交网站 Multiply 告诉我们"分享有趣的网站"（2004 年 12 月 10 日）时，我们也立刻明白，我们被鼓励向自己的朋友提供互联网网站的链接。YouTube 网站上发布的文本也是如此："轻松与家人、朋友或同事分享您的视频"（2005 年 8 月 19 日）。在线照片和视频并不完全是有形的，但是，考虑到它们有线下的对等物，它们比想法、意见、建议和观点这些分享对象更有形。不过，如果我们被鼓励"与朋友分享想法"（Xanga），那么后者也是相当具体的。那么，社交网站对我们的期望也很清楚。

然而，如今社交网站对"分享"的新用法并不是这样的。特别值得注意的是，用户被敦促分享他们的"生活""世界"或"真实的你"（这个词目前出现在 Bebo 的首页上）。例如，当 LiveJournal 说它"让你表达自己,分享你的生活,并与朋友在线联系"(2007 年 4 月 25 日)时,分享的目标是模糊的,因为"分享你的生活"究竟意味着什么,其实并不明显。2011 年 7 月 13 日,微软 Windows Live 网站首页上出现的"分享你的世界"一词也是如此。值得注意的是,在 2007 年之前,"分享你的世界"和"分享你的生活"这两个词没有出现在任何网站上。"分享你的世界"这种说法是相当难懂的:一方面,与他人分享你的世界就是告诉他们你正在发生的一切——你在做什么,想什么,等等。这利用了分享作为交流的意义。

但是,"分享你的世界"还包括将你的照片上传到照片分享网站。因此,Fotolog 过去的口号是"与世界分享你的世界"(2007 年 1 月 23日),Flickr 如今则鼓励用户"在照片中分享你的生活"。这样一来,分享你的世界或生活似乎包括各种交流和分配机制。然而,分享你的世界,尤其是分享你的生活这一类修辞,也暗示你不应该独自一人:分享你的生活是离群索居的对立面。我必须分享我的生活,因为它与你的生活截然不同,这里面的假设是你无法了解我的生活,除非我与你分享。此外,根据 Windows Live 网站的说法,分享我的生活的方式是"保持联系",通过"电子邮件、照片、电影、视频、聊天等",这样一来,社交网站就在分享一个人的生活和技术中介之间建立了联系。

● **整合研究:题目、摘要与关键词**

讲到这里,经验研究论文主体写作的基本原则和技巧,我已经和你交代得差不多了,接下来最后一项任务,便是为论文起一个恰当的名字,并且撰写摘要和关键词。我在第一讲中打过一个比方,对于一篇经验研究论文而言，标题、摘要和关键词就是它的"官方海报"。接下来，我们分别来看看这三个部分的写作原则。

标题怎么起？

论文标题如何起呢？这件事其实并没有一定之规。你会发现有些研究论文的名字很简单，仅仅是交代了自己的研究内容，另一些研究论文则花里胡哨——不得不说，有时候象牙塔中的研究者们搞起花样来，一点也不逊色自媒体人。

不过，如何起标题，还是要回归到我们的目的上去思考。论文标题最基础的目的，肯定是清晰描述自己的研究内容，因此不论你的标题采取了怎样的技巧，都不能脱离这个基本目标。实际上，如果你的论文内容过硬，朴素的标题并不会妨碍你成为经典。例如，在传播学领域，麦库姆斯和肖提出的议程设置理论是20世纪全球被引用量最高的理论，他们最初的论文题目就叫做《大众媒体的议程设置功能》（The agenda-setting function of mass media）。在解释如何撰写质性研究方法时，我举过一个"平台摇摆"的研究案例，这篇论文的标题就叫《复社交媒体环境中的平台摇摆：用户如何、为何使用不同的社交媒体平台》。主标题是作者希望提出的新概念，副标题是具体要回答的问题。这两个研究论文的标题都切中要害、简单易懂。

不过，大概从2000年开始，传播学的研究论文开始越来越多地出现"标题党"。所谓"标题党"，就是研究者会利用一些"梗"来包装自己的论文，以求吸引更大范围的读者。美国学者大卫·基廷（David Keating）等人就发表过一篇专门讨论"标题党"的论文（Keating et al.,2022）。他们搜罗了1970—2010年间22本传播学期刊中的2400篇论文，发现有19.1%的论文会在标题中"整活"。概括来讲，主要有这样四种常见的"标题党"策略。

第一是比喻，就是在标题中打个比方。例如我们在第一讲中提到的《天堂中没有Wi-Fi！在脸书纪念主页上协商可见性》（Marwick & Ellison, 2012）。这篇论文的主标题用"天堂中没有Wi-Fi"暗指人们的网络悼念行为无法被逝者接收到。这篇2012年发表的论文已经被引用了200多次，成为了数字悼念领域的必读文献。

第二是"篡改"经典。例如，2012年有一篇论文研究了中国人对Twitter和微博的区分性使用，题目叫做"A tale of two microblogs in China"（Sullivan, 2012），作者的灵感显然来自小说《双城记》（A tale of two cities）。再比如说，2014年发表了一篇第三层议程设置的研究，题目叫做《探索"外部世界和我们头脑中的图景"：一项网络议程设置研究》（Vu, Guo, & McCombs, 2014）。熟悉传播学经典著作的人或许能够发现，在这篇论文的主标题中，"外部世界和我们头脑中的图景"实际上是沃尔特·李普曼的经典著作《舆论》的第一章题目。这个梗"藏"得比较深，但如果你是这个领域的内行，看到这个标题多半会会心一笑。

第三是引用俚语。例如，2010年一篇发表在《风险分析》（Risk Analysis）期刊中有关风险传播的论文，主标题使用了英文中的俚语"Bad News Has Wings"，翻译成中文就是"好事不出门、坏事传千里"（Jagiello & Hills, 2018）。再例如，2004年一篇发表在《美国行为科学家》（American Behavioral Scientist）的论文，研究了成年人的媒介素养需求，主标题叫做"Out of sight and out of mind"（眼不见、心不烦）（Dennis，2004）。如果你把这几个英文单词放进谷歌学术上搜索，会发现它已经被几十篇论文用作标题了，颇受学者欢迎（当然，也有点被用滥了）。

第四是引用被访者的话。例如，2010年一篇发表在《语言人类学期刊》（*Journal of Linguistic Anthropology*）中的论文，研究了人们用哪种媒体来和另一半说分手（Gershon, 2010）。这篇论文的主标题直接就是"分手真的很难"（Breaking up is hard to do）。再例如，2017年有一篇关于互联网非使用者（non-users）的研究，关注不使用互联网的老年人如何理解互联网。这个角度本身就很刁钻，它的主标题叫做"我的孩子们告诉我它非常简单"（Luders & Brandtzag, 2017）。

那么，在标题里整活对提高文章的阅读量和引用量有帮助吗？基廷等人的回答是：如果是发表在顶级期刊上的论文，标题党对于论文的阅读量影响不大，因为不管你起的名字多么枯燥，和你同领域的研究者也一定会阅读你的研究；排名比较靠后的期刊，愿意花时间去阅读的人相对会少一些，这时，如果你的论文标题比较有趣，可能会有更大概率被"刷"到。不过，不管是哪种期刊，标题党对于论文的引用量都没有什么影响。

摘要怎么写？

一般而言，摘要会放在论文主体部分完成之后再去处理，因为摘要的目的就是概括整篇论文的基本思路，让读者可以用最小的时间成本，速览论文的主要内容。除此之外，因为大部分读者在看到一篇论文的时候，首先阅读的就是摘要，再基于摘要决定是否阅读全文；论文评审对这篇论文的第一印象，也是基于摘要形成的。因此，摘要还需要突出这篇论文最重要的贡献。基于以上这些考量，

摘要的写作格式大致可以被总结为以下公式:

$$论文摘要 = 研究背景 + 研究GAP + 研究方法 + 研究问题 +$$
$$研究发现 + 研究价值$$

我们用一篇论文来解释这个公式。我和束开荣、刘海龙(2023)合作完成的论文研究了外卖平台的时间政治,在前面研究发现部分的讲解中,我们用了这个研究作为例子。这篇论文的摘要一共有五句话:

①"弹性时间"作为平台劳动的一个神话,已经被批判性媒体研究者所解构。②不过,尽管之前的研究已经回答了平台时间"不是什么"的问题,但大多数研究都未能进一步分析它"是什么"。③基于6个月的田野工作,本研究旨在重构中国在线外卖行业中平台劳动的时间政治。④具体而言,我们采用一种内在的关系性视角,分析了异质化行动者构建的三种不同的时间类型,即第三方分包商构建的"日常时间"、平台构建的"事件时间"、骑手构建的"盗猎时间"。⑤在多重时间性的考察中,本文进一步揭示了平台劳动中异质行动者之间非对称的"关系平衡"。

让我们来具体分析一下:

摘要的第一句话首先交代了**研究背景**,也就是在既有的研究中,平台劳动时间这一主题是如何被分析的。当然,需要多说一句,有时候研究者也会考虑在摘要的第一句话中讲述社会背景。例如一篇研究新冠疫情期间人们获取公共卫生信息的论文,很可能在摘要第一句话中介绍一下疫情的严重情况,来凸显自己研究的社会价值。

摘要的第二句话交代了**研究GAP**,也就是前人的研究做了什么、没做什么，我们又可以在此基础上做点什么。或许这个逻辑会让你回想起我们第二讲的内容。实际上，这句话就是第二讲整体思路的极简缩写版。具体到这篇论文中，我们把这个GAP浓缩为既有研究都在"破"除弹性时间的神话，但没有"立"论究竟平台劳动者面对着怎样的时间结构。

摘要的第三句话虽然很短，但它同时涵盖了**研究方法**和**研究问题**。具体来讲，我们做了六个月的田野调查，想要理解中国在线外卖行业中平台劳动的时间政治。请特别注意，在这句话中，我们已经将研究对象从平台劳动聚焦到中国在线外卖行业中骑手的劳动。

摘要的第四句话交代的是**研究发现**。具体来讲，我们总结了三种不同的时间类型。摘要的第五句话交代了这篇论文的**研究价值**，也就是对于平台劳动多重时间性的强调，同时，我们也提出了关系性平衡（relational balancing）这个概念。

说到这里，可能有读者会追问道：中文摘要的长度一般在200~400字，如果我的研究发现非常多，并不是一两句话可以说清楚的，这种情况该如何处理呢？我的建议有两个：一方面，可以突出你最能打动读者，同时也最具理论意义的发现；另一方面，你也可以考虑略写甚至是省略研究背景部分和研究价值。

我来举一个量化研究的例子。有研究者以新加坡为背景研究了不同教育程度的公众间出现的知识沟（Ho，2012）：

本研究应用知识沟假说检验了社会经济地位、大众媒体和人际讨论对新加坡公众甲型H1N1流感知识水平的直接和交互影响。基于一项对1055名新加坡成年人进行的具有全国代表性的随机数字拨号电话调查，本研究发现，对报纸的关注与不同社会经济公众之间关于

H1N1流感知识的差距扩大无关。相反，对电视新闻和人际讨论的关注与不同社会经济公众之间关于H1N1流感知识的差距缩小有关。研究结果表明，知识沟假说在本研究中没有得到支持。相反，结果表明，对电视新闻和人际讨论的关注与知识差距的缩小有关。研究还发现，家庭收入和风险认知与公众对H1N1流感的了解呈正相关。论文对其理论和现实意义也进行了讨论。

　　对于这份摘要，有三点要提醒：第一，作者的发现部分陈述得比较长，但你可以看到，作者特别强调的是报纸、电视、人际讨论这三个变量对于甲流知识水平的扩大或缩小作用；作者略写的是家庭收入和风险认知在其中扮演的角色。因为前者和知识沟假说本身的关系更加紧密。如此一来，整个摘要中对于研究发现的陈述就显得有详有略，分配合理。第二，因为研究发现部分的字数比较多，作者干脆把研究背景（全球H1N1流感的大流行）省略掉了，直接一上来就说自己的研究问题。第三，作者在处理研究价值的时候，同样因为字数已经比较多了，干脆就写了一句"论文对其理论和现实意义也进行了讨论"。这句话暗含了两个意思：一方面，摘要字数太多了，研究价值写不下了，但我们充分考虑了这个问题；另一方面，如果你想知道，直接看原文吧，里面都详细写了。

　　关键词怎么写？

　　关键词的作用是给你的论文归类。你在这里进行的归类工作至少会影响到两个群体。读者在搜索一个话题的研究论文时，可能因为你给出了恰当的关键词而找到你，也可能因为你给出了不恰当的关键词而错过你。因此，在确定关键词的时候，不妨试着站在读者一边去思考这样一个问题：你希望哪些领域的研究者看到你的论文？另一方面，当你把自己的论文投到学术期刊时，期刊编辑可能会参考你给出的关键词去寻找匿名评审。不恰当的关键词可能会让你遇到一个不合适的评审（当然，关键词恰当的时候也有可能会遇到，所以请放平心态）。

需要有几个？一般来讲，在传播学领域，4~8个最为普遍，但这并不是死板的规定。更重要的是，我们需要明白关键词中应该包含哪些词。概括来讲，我的建议是，你的关键词应该同时包含"大词"和"小词"。大词指的是那些所指宏大的词汇，例如"社交媒体"；小词指的是那些所指具体的词汇，例如"小红书"。如果关键词中都是"大词"，虽然可能会有更多人搜到你的研究，但匹配的精度会比较差；如果关键词中都是"小词"，搜到你的人自然会少很多，也就可能失去一些被看见的机会。我的建议是，在确定关键词时你可以考虑以下三个问题：（1）你的论文从属于哪个（些）领域/主题？（2）你在论文中使用了哪个（些）核心理论/概念？（3）你的研究对象是什么？

回到我们对平台劳动时间的研究论文：（1）论文从属的领域是"平台劳动"；（2）论文中的核心概念是"弹性时间"和"时间政治"；（3）论文研究的是"线上外卖平台"，更具体地讲，是美团这个平台。因此，我们就把这五个词设置为这篇论文的关键词。

● 小　结

在这一讲中，我们总共讨论了三件事：研究方法怎么写？研究发现怎么写？以及在论文主体部分完成之后，我们该如何为论文添加标题、摘要和关键词？具体的策略包含了诸多细节，我们在小结中不再重复赘述。不过，我想特别和你强调一件事：我们应该训练一种以读者为中心、对读者友好的学术写作。

何为对读者友好呢？简单来讲，就是站在读者一边去想问题。研究方法的写作，要让读者能够明确你的每个步骤是如何操作的；研究标题的写作，本分是清晰易懂，让读者用十秒钟的时间就可以快速了解你想要做什么；研究摘要的写作，要"麻雀虽小、五脏俱全"，帮助读者在几分钟之内快速预览论文的主要内容；研究关键词的写作，要让同领域、同话题的研究者可以顺利锁定你。简言之，当你是读者时，可能会吐槽很多论文的写作方式，那么你作为论文作者时，就要避免同样的写作方式。

前四讲都是关于一篇具体论文的谋篇布局。这里必须要和你明确一点：论文写作一定是长期积累的结果。这里面包含的功课更加复杂，比如当你对一个领域产生了兴趣时，你该如何快速了解这个领域？你该如何持续跟进一个领域的最新进展？在你阅读论文时，什么叫有效阅读，什么叫无效阅读？例如很多同学和我说，读完了一篇论文，和没读也差不多（我称之为"如读"）。除此之外，论文写作是一个苦差事，我们应该如何在这个艰苦的过程中保持效率和心态？这些事情虽然与论文写作技巧没有直接关系，但对于写作者

却都是天大的事。在最后一讲中，我会针对这些问题，和你聊聊我
自己的经验。

● 参考文献

李红涛 & 韩婕.(2020).新冠中的非典往事:历史类比、记忆加冕与瘟疫想象. *新
  闻记者*(10),15-31.

林仲轩 & 杨柳.(2021).技术的应许与脆弱不安的生命:残障者的互联网工作实
  践. *国际新闻界*(08),105-123.

孙萍,赵宇超 & 张仟煜.(2021).平台、性别与劳动:"女骑手"的性别展演. *妇女
  研究论丛*(06),5-16.

吴世文 & 杨国斌.(2018).追忆消逝的网站:互联网记忆、媒介传记与网站历史.
  国际新闻界(04),6-31.

Bentivegna, S., & Rega, R. (2022). Searching for the dimensions of today's politi-
  cal incivility. *Social Media+ Society*, 8(3).

Dennis, E. E. (2004). Out of sight and out of mind: The media literacy needs of
  grown-ups. *American Behavioral Scientist*, 48(2), 202-211.

Gershon, I. (2010). Breaking up is hard to do: Media switching and media ideolo-
  gies. *Journal of Linguistic Anthropology*, 20(2), 389-405.

Ho, S. S. (2012). The knowledge gap hypothesis in Singapore: The roles of socioeco-
  nomic status, mass media, and interpersonal discussion on public knowledge of
  the H1N1 flu pandemic. *Mass Communication and Society*, 15(5), 695-717.

Jagiello, R. D., & Hills, T. T. (2018). Bad news has wings: Dread risk mediates so-
  cial amplification in risk communication. *Risk Analysis*, 38(10), 2193-2207.

Jiang, Q., & Leung, L. (2012). Lifestyles, gratifications sought, and narrative ap-
  peal: American and Korean TV drama viewing among Internet users in urban

China. *International Communication Gazette*, 74(2), 159-180.

John, N. A. (2013). Sharing and Web 2.0: The emergence of a keyword. *New Media & Society*, 15(2), 167-182.

Keating, D. M., Richards, A. S., Palomares, N. A., Banas, J. A., Joyce, N., & Rains, S. A. (2022). Titling practices and their implications in communication research 1970-2010: Cutesy cues carry citation consequences. *Communication Research*, 49(5), 627-648.

Luders, M., & Brandtzag, P. B. (2017). 'My children tell me it's so simple': A mixed-methods approach to understand older non-users' perceptions of Social Networking Sites. *New Media & Society*, 19(2), 181-198.

Marwick, A., & Ellison, N. B. (2012). "There isn't Wifi in heaven!" Negotiating visibility on Facebook memorial pages. *Journal of Broadcasting & Electronic Media*, 56(3), 378-400.

Pan, W., Shen, C., & Feng, B. (2017). You get what you give: understanding reply reciprocity and social capital in online health support forums. *Journal of Health Communication*, 22(1), 45-52.

Sullivan, J. (2012). A tale of two microblogs in China. *Media, Culture & Society*, 34(6), 773-783.

Shu, K., Liu, H., & Dong, C. (2023). Transcending "flexible time": Platform labor in the Chinese food delivery industry and its temporal politics. *New Media & Society*.

Stryker, R., Conway, B. A., Bauldry, S., & Kaul, V. (2022). Replication note: What is political incivility?. *Human Communication Research*, 48(1), 168-177.

Tandoc Jr, E. C., Lou, C., & Min, V. L. H. (2019). Platform-swinging in a poly-social-media context: How and why users navigate multiple social media platforms. *Journal of Computer-Mediated Communication*, 24(1), 21-35.

Vu, H. T., Guo, L., & McCombs, M. E. (2014). Exploring "the world outside and the pictures in our heads" A network agenda-setting study. *Journalism & Mass Communication Quarterly*, 91(4), 669-686.

Ye, Z., Dong, C., & Kavka, M. (2023). Navigating the economy of ambivalent intimacy: Gender and relational labour in China's livestreaming industry. *Feminist Media Studies*, 23(7), 3384-3400.

第五讲

磨日课

讲义写到这里，我已经将一篇经验研究论文的基本架构向你和盘托出。那么，掌握了上述种种技巧，你就可以完成一篇不错的研究论文了吗？非也。我曾经和一位喜爱拍照的朋友聊天，问他看那些讲授摄影技巧的书籍，能否有助于提高摄影技术？他的回答是：肯定有帮助，但更重要的是看完书之后，要去积累"快门数"，也就是说，就算你学习了各种摄影构图的技巧，但没有一定的拍照数量做支撑，技巧也没有办法发挥真正的作用。相仿，我在读大学的时候曾经有一段时间热衷练习综合格斗，教练也表达过类似的观点：一切格斗技巧发挥效力的前提，都是枯燥的力量训练。如果你没有足够的力量做支撑，再多的技巧也没有意义。

让我们把这两个例子带回到论文写作这件事上，我想说的是，读到这里，想必你已经习得了诸多谋篇布局的技巧。在这方面，我愿意倾囊相授；但我没办法代替你去做的，是一张张积累你的"快门数"、一天天增加你的"力量"。换句话讲，研究者必须要去读、去写——我称之为研究者的"日课"。在最后一讲中，我想给你一些关于"磨练"日课的嘱托。

首先是读。当我们谈到阅读时，有两个问题呼之欲出：我应该阅读什么？又应该如何阅读？这并不是非常容易回答的问题，甚至也没有一个界限分明的标准答案。一方面，有些阅读是"随性"的。例如，我会追踪一些我喜欢的学术期刊和研究者，不论他们的作品是否与我当下关注的话题直接相关；有些阅读则是更为"功利"的，也就是专门为我自己当下正在进行的研究服务。另一方面，我会选择一些论文只阅读标题和摘要，另一些论文却会逐句分析、反复阅读，甚至还要记下密密麻麻的笔记。在这一讲中，我首先和你分享的是"读什么"和"如何读"。

　　其次是写。很多学生曾和我表达过一种忧虑："我读完了，作者写得很好，我觉得我无法比他（她）写得更好，干脆就不要写了。"必须承认，在很长一段时间内，这也是我自己的内心想法。甚至有时候，即便完成了一篇论文，我也不愿意投出去，总觉得还可以再改改。不过，我必须承认，这或许根本不能用我的"完美主义"倾向来解释。扪心自问，我选择不写，或者写了也不投，其实并不是想要做个安静的小透明，而是我在延迟自己的失败——只要我不写、写了不投，别人就没办法批评我。毕竟，避免失败最简单的方式就是拒绝开始。在这一讲中，我想和你聊聊我是如何克服写作的心理障碍的。我们需要克服心理障碍并迈出这一步，去做出属于自己的那份贡献，即使它微小如萤火。

● 三种文献、三种阅读

　　首先我想和你聊聊"读什么"。在日常工作中，我一般会把需要处理的文献分为三类：通识型文献、领域型文献、项目型文献。相应也会有三种阅读。通识型阅读，就是广泛涉猎各种研究领域的文献，哪怕这些文献与你自己的研究并没有什么直接关系；领域型阅读，就是在我自己的研究方向或领域上进行积累；项目型阅读，就是专门为我当下正在谋划或写作的具体论文寻找文献。

我先从领域型文献和项目型文献讲起，这两种类型的文献占用了我最多的阅读时间。为何如此呢？必须承认，如今的研究呈现出越来越明显的"细分"趋势。我一直觉得"博士"这个称谓非常具有误导性，因为它好像在暗示一个人博览群书、无所不知，但实际上，当一个人读到了博士，他所聚焦的知识面其实是非常纵深的。博士论文洋洋洒洒十几万字，可能处理的就是一个关键词。他可能会对这个关键词所从属的领域如数家珍，但在此之外，他也不一定有多么深刻的见地。

这种状况同时也意味着，不同领域的研究者之间的对话性在某些时候可能没有，这种状况对于传播学尤其明显。举个例子来讲，一个人的研究领域是健康传播，专门用社会网络分析的方法研究线上健康论坛中的社会支持行为；另一个人的领域是政治经济学，专门用民族志方法研究平台劳动者的生存状态。这两位学者都被称为传播学者，但他们之间可以彼此交流的东西其实并不多，甚至还会因为研究方法不同，经常无法彼此理解。这种高度细分化的研究图景虽然有很多现实的无奈，但也是我们必须（至少是暂时）接受的事情。

更进一步说，一个合格的研究者必须首先找到自己的研究"坐标"，去切一个很小的口子，努力钻进去。我听过一种说法，在一个细分的领域中，读一百篇核心文献，你就获得了与其他研究者对话的资格，并有机会在这个过程中创造自己的见解。一百篇这个数字未必准确，但我十分同意这句话的核心观点：你要找到属于你自己的研究切口，进行持续的领域型阅读，首先把自己的"一亩三分地"耕耘好。这是你进入这一研究领域的入场券和敲门砖。

我见过一些博览群书的学生，他们的阅读面比我还要广，令我非常佩服。不过，这些学生开始写论文时都会觉得很迷茫，因为他们仍旧处于"什么都知道一点"的状态。对于做研究和写论文来讲，这可能是比较糟糕的状态。我并不否认广泛阅读的价值，但学术研究更需要研究者对一个具体的问题拥有非常深入的了解。前者是横向的，后者是纵向的。我们经常强调说，一位研究者要把自己的职业生涯"讲成一个完整的故事"。这句话的意思是，我们当然可以转变自己的研究兴趣，但肯定不能三天一个想法，五天一个方向，也最好不要频繁跳跃。比如我今天想研究唐代的进奏院状，明天想研究 ChatGPT，不能说完全不可以，但这种"打一枪换一个地方"的研究者，往往很难做出成果。

再具体一点说，你拥有了一个属于自己的、比较稳定的研究领域。那么，你就容易在领域型阅读的基础上，逐渐提炼出自己感兴趣的研究问题。这就意味着，你会从领域型阅读逐渐过渡到项目型阅读。举个例子，我自己对平台工作（例如主播、外卖员、网约车司机等）这个话题很感兴趣，也会日常跟进这个领域的重要文献。在这个过程中，我越发意识到"弹性时间"这个关键词的重要性。

以外卖骑手为例。在骑手招募的广告中，经常会出现"弹性工作制"这个概念，它宣称劳动者可以随时进入外卖行业，也可以随时退出。但事实真的如此吗？恐怕不是。你想想看，其实这里面存在一个常识性的矛盾：为什么一方面，骑手可以随时进入和退出，另一方面，你点的外卖总可以 30~40 分钟内稳定送达？如果每位骑手的工作都是高度弹性化的，那么，外卖平台劳动力持续的、稳定的输出将会非常困难。基于以上疑问，我去阅读了一些同时聚焦"时间社会学"和"平台劳动"的研究论文。我从这些论文中收获了很多洞见，但同时，我也渐渐对既有研究给出的解释产生了不满，感觉还可以再进一步，这其实就是找到了我们讲的GAP。项目型阅读的目的，就是基于你希望在论文中使用的一（几）个学术概念（例如"弹性工作"），进行更聚焦、更深入的阅读。这种阅读的目的十分明确，很大程度上就是为了帮你打造论文的文献综述，让你的论文具备对话性。

领域型文献和项目型文献的共同之处在于，它们都和一位研究者的研究旨趣息息相关，换句话讲，这些文献对于研究者工作的帮助很可能是直接的。不过，如我们刚才所说，学者研究领域的"高度细分化"其实也会带来一些危险。比如，大家很多时候都被锁在自己领域的框架中闭门造车，研究的路也因此越走越窄。研究者塔玛拉·阿菲菲（Tamara Afifi）在接任《传播专论》（*Communication Monograph*）期刊主编一职时，曾写过一篇卷首语（Afifi，2017），其中有这样一段话让我记忆深刻：

学者可能会在自己的研究中陷入困局，我们称之为"仓桶"。他们没有充分阅读本领域之内和之外的作品。讽刺的是，一个学者越专业，就越可能和他们周围的世界隔离开。从某种角度看，这种隔离是我们领域得到发展的体现。随着传播学的不断成长，研究者的兴趣也愈加专门化，进而同类相吸，让关注同一话题的学者走到了一起。诚然，这颇有益处，因为这些学者对彼此交流的领域与问题十分熟悉。不过，它同时也造成了传播学领域研究的碎片化，让学者对那些从不同视角阐述相似问题的重要贡献熟视无睹……很多先驱式的设想，恰恰是来自阅读那些和自己有分歧的作品，或者与专业领域之外的专家进行交流。

的确如此。很多研究创新的灵感都来自与自己没有直接关系的研究领域。这也就是为什么我们如今特别强调跨领域合作，甚至是跨学科合作。在合作之外，对于研究者自身而言，通识型阅读也是一个非常重要的解决之道。请注意，这并非要求我们对各个领域和学科都了如指掌，在这样一个知识爆炸的时代，这是根本无法做到的事情。不过，我们需要对其他领域和学科进行一些"浅读"和"泛读"，一方面大致知道其他人在做什么事情，另一方面则时刻想着他们做出的贡献有无可能"挪用"到我自己的研究领域之中。这的确是一件长期的功课，但值得我们为之努力。

需要多提醒一句，即便你了解到了一个其他领域中让你兴奋的观点或方法，很可能也没办法在短期时间内进行深入的挖掘。此时，去找这个领域的研究者进行合作，或许是一个不错的办法。你们可以选择一起完成一篇论文。在中国的学术体制内，如果你们选择发表英文论文，一个人做第一作者，另外一个人做通讯作者，那么两个人的成果往往都可以得到承认；但如果你们选择发表中文论文，就没有那么幸运了。虽然已经有一些中文期刊开始强调"通讯作者"，但目前在绝大多数高校中，中文论文中通讯作者的价值并不大，这是一个很奇怪的差异。

让我们稍作总结。理想上讲，这三种文献的阅读对研究者都十分重要。通识型阅读强调知识的宽度，领域型阅读和项目型阅读则强调知识的深度。绝对意义的"专家"和"杂家"可能都在研究这条路上走不了太远。在实际的研究工作中，恐怕大多数人还是会把时间留给项目型阅读，这一定程度上是因为我们处于发表论文的压力之中，需要在有限的时间内完成足够数量的发表，这是一种权宜之计。但如果我们放眼长期的学术职业生涯，仅仅靠领域型阅读和项目型阅读，很可能走不了多久就会感觉自己的研究不断螺旋式地陷入到一个越来越窄的黑洞，甚至有时候还会迷失其中，怀疑自己做研究的意义究竟是什么。我自己也有过类似的感受，此时，进行一些不那么"功利"、不那么渴求"产出"的通识型阅读，是一种很重要的调节。

● 我该读哪些论文？

所有研究者都需要在这三种阅读中逐渐找到一个适合自己的平衡。当然，在这个过程中，你恐怕同时会产生另一些问题：我要去阅读哪些论文？选择这些论文的标准是什么？对于不同学科，前一个问题的答案恐怕会非常不同，后一个问题的答案也可能有微小的差别。不过概而言之，我认为有三种思路可以供你参考：跟随期刊阅读、跟随研究者阅读、跟随关键词阅读。

跟随期刊阅读

第一种策略是跟随期刊阅读，也就是确定一些你希望长期跟踪的学术期刊，把里面新发表论文的摘要读一遍，然后选择一些你感兴趣的做深入阅读。这种阅读思路可以帮你跟上学术研究的"潮流"，更适用于通识型文献和领域型文献的积累。

对于选择期刊，我有一些自己的原则供你参考。首先是阅读高质量期刊的论文，虽然高质量期刊不能完全和高质量论文划上等号，但这些期刊往往都有比较成熟的匿名评审制度，这也意味着，上面发表的绝大部分论文质量不会太差。很多低质量学术期刊的评审制度就不那么完善了，甚至有一些期刊以卖版面盈利。如果你阅读的都是这些，那不仅无法获得最前沿的学术知识，反而会受到这些低质量论文的影响。在和同行交流时，我发现很多论文评审老师都有一个习惯，看一篇论文，首先看它的参考文献。如果作者引用的文献都是些"交三千块就能发表"的作品，他自己的研究又能好到哪里去呢？

接下来，又一个问题就出现了。如何判断一本学术期刊的质量？这里面有一些比较刚性的标准。例如在判断中文学术期刊时，是否入选CSSCI目录是一个比较简单的标准。对英文期刊，则会关注它是否入选了SSCI目录，位列第几区。需要再次强调，并不是入选了CSSCI或SSCI目录，就意味着这本期刊的论文质量完全值得你信赖。有人认为，我们还需要通过期刊的影响因子（impact factor）进行判断。不过，通过影响因子就一定可以判断一本期刊的优劣吗？也未必。比如在传播学中，广告类期刊在影响因子方面就会占一些便宜，因为这些期刊的论文经常被市场营销专业的研究者"跨学科"引用，自然，它的影响因子就会高一些。相仿，因为全球疫情的影响，尤其这两年，健康传播领域的研究论文影响因子也会有所提高。同样的逻辑，一些期刊引用量降低，有可能是因为它的研究话题不够"时髦"，关注这个领域的研究者数量本来就不多，自然影响因子就会小一些。因此，这些刚性的标准往往只是一个参考，不能全部依靠它们来进行判断。

在这些刚性标准之外，我建议你去寻求一些同领域研究者的帮助。如果你是一名学生，你可以从你的老师那里获得更多实用的建议。

我自己从属的学科是传播学，研究领域之一是社交媒体中的亲密关系。我会比较关注的期刊有这样几本：中文部分包括《新闻与传播研究》《国际新闻界》《新闻记者》《现代传播》《新闻大学》《当代传播》《新闻界》《新闻与写作》等。这些新闻传播学期刊经常会给我带来很多启发，即便论文本身并不一定和我关注的领域有多大关系；英文部分相对更庞杂一些。在传播学领域，中文期刊往往是比较综合性的，英文期刊有一些也是综合性的，但也有不少期刊聚焦于某一项主题，例如我经常会翻阅的《计算机中介传播期刊》（*Journal of Computer-mediated Communication*）、《新媒体与社会》（*New Media & Society*）、《信息、传播与社会》（*Information, Communication and Society*）、《社交媒体＋社会》（*Social Media + Society*）等。除此之外，我也会对其他学科的一些期刊感兴趣。对于传播学的研究者，社会学无疑是给我们带来最大直接启发的学科，因此，在中文期刊中，我还会关注《社会学研究》《社会学评论》《中国青年研究》等期刊。因为我们在做亲密关系的田野研究时，往往会涉及性别议题，《妇女研究论丛》也是我寻找灵感的一个重要来源。

以上的期刊选择仅仅是我个人在阅读过程中逐渐形成的偏好，或许对你并没有多大的启发意义。重要的是，你也需要形成属于你自己的偏好。你可能会觉得，这么多期刊，每个月发表这么多论文，我怎么可能看得过来？的确如此，事实上没有人可以看得过来。这个问题，接下来我会详细和你解释，因为它涉及到"如何读"。不过，即便如此，我们也可以算一笔账：如果你愿意平均两天阅读一篇论文（这个数量其实并不算多），一年下来，你也能积累将近200篇的阅读量（这是很了不起的数量），足以对一个领域拥有比较充分的了解。所以说，论文阅读注定是一个积累的过程，不用急于求成，关键在于坚持下去。

跟随研究者阅读

第二个策略是跟随研究者阅读。这种阅读策略更加适合领域型阅读。每个研究领域都有自己的领军人物和青年新锐，需要我们多加关注，和"追星"有点相似。对你喜欢的明星，你恐怕会时刻在豆瓣上关注他/她的新作品，同样道理，你也需要在自己感兴趣的研究领域中找到那些关键作者。一般来讲，就是那些专注在这个领域发表了大量文章，并且被经常引用的研究者。哪些学者算是一个领域中的关键学者呢？其实不用担心，当你阅读了一些相关文献，关键作者自然会慢慢浮现出来。除此之外，还有两个比较省事的办法：要么去阅读几篇这个领域的综述性文章，看看作者会凸显谁的贡献；要么干脆去询问一位在这个领域深耕的研究者，让他为你推荐几位值得关注的作者。

举个例子。我自己对"算法研究"这个领域非常感兴趣，尤其关注算法在社交媒体平台中扮演的角色。一般来讲，最初的阅读素材很可能来自关键词搜索，例如我在 Google Scholar 搜索"platform labor algorithms"，或者在 CNKI 搜索"平台劳动 算法"，就已经可以获得不少论文。接下来，在阅读的过程中，我会逐渐发现一些研究者要么经常发表相关论文，要么经常出现在其他论文的参考文献之中。这些人就会成为我心中的关键作者。

在平台劳动和算法的阅读中，我发现了泰纳·布切尔（Taina Bucher）这个名字经常会出现，她关于脸书算法的研究提出了"不可见性的威胁"（threat of invisibility），同时也成为了大量后续研究的必引文献（Bucher, 2012）。接下来，布切尔出版了自己的专著《如果……那么：算法的力量与政治》（Bucher, 2018），也是这一领域的必读作品。当我确认了布切尔是该研究领域的关键作者，接下来，就需要搜索并关注她近年来的作品。一方面，我可以看这位作者是否在 Google Scholar 上拥有自己的学术主页；另一方面，我也可以搜她的名字，或许她还拥有自己的学术网站。实际上，布切尔在这两个"据点"上都占了位置。在她的 Google Scholar 主页和个人网站上，布切尔列举了自己的作品目录。如果我用时间顺序来排列这些作品，就会发现她的研究兴趣仍旧在"平台""算法"这两个关键词上。例如，2017 年，她发表了《算法想象：探索脸书算法的日常效应》，并提出了"算法想象"这个概念（Bucher, 2017）。

当然，平台劳动与算法这一领域并非只有布切尔一位关键学者，我还发现了苏菲·毕晓普（Sophie Bishop）对于算法流言（algorithmic gossip）（2019）、算法专家（algorithmic experts）（2020）的研究；布鲁克·达菲（Brooke Duffy）对于愿景劳动（aspirational labor）的研究（2016）；克里斯托·阿比丁（Crystal Abidin）对于可见性劳动（visibility labour）的研究（2016）……渐渐地，我建立起这个领域的关键作者集群，这对我来讲是一个非常宝贵的资源。

跟随关键词阅读

通过关键词的搜索，你可以找到一些核心学者，同时也会相应找到一些核心论文。注意，一些学者在某个领域虽然发表过经典的研究，但很有可能之后他的研究兴趣发生了转变，并没有继续在这个领域深耕。例如我们刚才说到的布切尔，虽然她提出的"不可见性威胁"是平台劳动研究领域的封神之作，但最近几年，布切尔开始扩展自己的研究视野，尝试将算法和其他一些概念进行嫁接。例如，2021年，她发表了《是否拥有算法意识：一个数字鸿沟的新问题？》（Gran, Booth, & Bucher, 2021），开始关注数字不平等问题中的"算法意识鸿沟"，实际上是将算法研究和数字鸿沟研究进行了嫁接。虽然布切尔仍在算法研究这个领域深耕，但她的研究"触角"其实是非常多元的。

如果说跟随研究者阅读更加适合领域型阅读，那么，在我们进行一个具体研究论文的构思时，更有效的阅读方式则是跟随关键词阅读（如果你不知道如何为你的研究找到关键词，可以参考第二讲的内容。其中有一个小节，标题叫做"他们做了什么：找不到对话者"，讲的就是这个事）。关键词阅读法实际上是一种最"功利"的阅读方法，因为它在很大程度上意味着研究者已经找到了研究对象，形成了研究问题，甚至可能已经初步掌握了某个领域的相关文献的概况，并"野心勃勃"地打算做出点什么。

为什么这么说呢？在跟随期刊阅读或者跟随研究者阅读的过程中，我们往往是先进入阅读，再甄别这篇论文是不是对自己有所启发。在这种阅读中获得的知识和感悟经常是零散的、不成体系的

（虽然有可能让人"灵光乍现"）。跟随关键词阅读则常常是把这个过程反过来：我们先选出那些看起来有价值的文章，然后再进行阅读。因为读者选择了一种比较聚焦的阅读方式，所以其收获也会是成系统的、叠加式增长的，相应地，其中让人觉得惊喜、出乎意料的内容可能也就并不那么多。

请注意，"功利"在这里并不是一个贬义词。事实上，无论是那些看起来高高在上的学术"大牛"，还是刚刚踏入学界的研究萌新，关键词阅读都是大家首选的或最常使用的阅读方式。因为它能够直接服务于你的研究目的，使你快速成为某个概念的"专家"。除此之外，对多人合作的论文，关键词阅读则便于合作者合理分配任务（例如，一人解决一个关键词），厘清文献综述的思路。

再多嘱咐一句，我们在选择"关键词"时，应尽可能去聚焦一个具体的学术概念。这个观点有两层意思：一是这个概念应该是学术性的，二是这个概念需要比较具体。举个例子，当我们试图探讨"朋友圈的功能设置"（三天可见、分组可见）意味着什么时，可能会萌生出很多不同的关键词，例如"社交媒体""微信""可见性"等。此时，哪个概念更适合成为你的关键词呢？"社交媒体"很重要，但你用这个词进行搜索，得到的信息且过分庞杂，用处不大，因为这个概念不够具体；"微信"可能会更加具体一些，但它只是一个研究对象，而不是一个学术概念；相比之下，"可见性"作为一个延展性极强的学术概念可以为你提供更多的探讨空间（甚至很多学者认为，可见性是社交媒体研究的一个底层概念）。如果你去阅读有关"可见性"或"visibility"的文献，便会发现研究者们以此为基础，讨论了印象管理和隐私问题（Marwick & Boyd, 2014）、人际监控问题（Trottier, 2012）、权力问题（Koskela, 2004），以及作为媒介性的可见性问题（胡翼青、王沐之，2022）等。

当然，这时你可能会想，可见性和你所关注的"三天可见""分组可见"有什么关系呢？最直接地，我们之所以利用"三天可见"策略性地调整自我呈现的状态，很大程度上就是因为我们身处一种社交监视的情境下。除此之外，我们的微信列表里，有些人的权力高于你，有些人的权力低于你。"分组可见"的设定，似乎也部分地在调整你在社交关系中的权力位置。再往深处走一步，你可能会逐渐意识到，"三天可见"和"分组可见"其实只是一个研究的"引子"，它背后反映了人们在面对技术中介世界时的无力感，因为人们正在无意识地走入技术的逻辑，适应它对现实中"时"（三天可见）、"空"（分组可见）秩序的操控，最终在屏幕的中介下去玩一种"可见/不可见的游戏"（胡翼青、王沐之，2022）。经过以上简单的梳理，你会发现，"可见性"让我们对于微信朋友圈功能设置的理解走得更远、更深入，也更具理论性和想象力，是一个好的关键词。

在文献之间建立联系

通过跟随关键词，你获得了众多与你的研究密切相关的文献。这的确是一件值得开心的事。不过，此时的你其实只闯过了文献整理的第一关，因为比找到文献更棘手的工作，是在这些文献之间建立联系。一篇篇文献，就如同一个个"点"，你在浩瀚的学术海洋中定位到了这些点，已经非常不易，但你还需要把这些点连成"线"。

那么，两篇研究论文之间可能存在怎样的关系呢？我用A和B代表两篇论文、C代表一个研究议题，为你做一些基本的逻辑推演。

第一种情况，**在C议题上，A和B的研究发现有相似之处**，可以

合并，合并的目的是给论文"打捆"。例如我们在第二讲中介绍了
《"中间地带"的边界工作：基于创业媒体J播客的案例研究》（白
红义、施好音，2022）这篇论文的一个片段，用综合了多篇研究的
发现，共同指向了"既有对于边界工作的研究依然都是新闻媒体"
这个论点。

陈楚洁（2015）和白红义（2015b）的研究各自以"央视原台长杨伟
光逝世"和"南都口述史"为切入点，研究记者社群如何通过纪念话语、
集体记忆来建构职业边界。王源（2019）和曹林（2019）则分别以新京
报新闻奖颁奖词和流量媒体制造的争议性"热点时刻"为例，分析传统
媒体精英维系权威的边界工作。最近几年，研究者们也注意到新技术
嵌入新闻业后对新闻边界产生的影响，以今日头条（刘双庆，2019）、
UGC内容（黄春燕、尹连根，2022）、数据分析（王斌、温雨昕，2022）等
为对象分析相应的边界工作策略。尽管边界工作针对的对象以及表
现出的策略均有所不同，但这些研究讨论的从事边界工作的主体依然
都是新闻媒体。

第二种情况，**在C议题上，A在B的基础之上做了新的贡献**。一
般来讲，如果你的文献综述是按照时间顺序来进行的，这类逻辑关
系会经常出现在你引用的论文之间。第二讲中的例子《做主播：一
项关系劳动的数码民族志》（董晨宇、叶蓁，2021），这篇论文中有
一个段落清晰地体现出文献之间的"继承"关系。当这篇论文试图
用南希·拜厄姆（Nancy Baym）提出的关系劳动作为理论工具时，
它便需要追踪关系劳动这个概念的源头，一是情感劳动，二是关系
工作：

作为对情感劳动的一种反思性推进,Baym(2015,2018)在对北欧音乐人的研究中提出了"关系劳动"(relational labor)这一概念。受到Zelizer(2005:35)"关系工作"的启发,Baym(2015)认为,随着互联网技术和社交媒体平台的高度普及,音乐人与他们的听众或粉丝维系着一种"持续的、常规化的交流",从而形成一个能够孵化其工作利益的社会关系。在这种关系中,粉丝更类似于音乐人的朋友、家人,而不是消费者、顾客。

当然,如果在C议题上,A在B的基础之上做了新的贡献,那么大概率,**A和B之间也会出现冲突**。这是因为在继承的过程中,后续研究一定会指出前人研究的某些不足之处,并一起为出发点向前推进,这也恰恰就是我们一直强调的 "找 GAP"这个过程。同样是《做主播:一项关系劳动的数码民族志》的文献综述,虽然我们使用了"关系劳动"一词,这并不意味着这个概念可以被不加调试地应用在研究中,我们发现纪尧姆·汤蒙德(Guillaume Dumont)在关系劳动的基础上进行了批评性的修正(Dumont, 2017),因此,这也被我们借用来建构一个更完整的理论框架。此时,Baym 和 Dunmont 的研究便呈现出一种冲突性:

Baym 对关系劳动的界定为我们理解秀场主播群体提供了一种新视角。不过,这一分类并没有把音乐家与粉丝的关系放置在更为宏大的技术环境和职业环境之中进行考察。对此,Dunmont(2017)批评说,在理解网络名人与粉丝之间的关系塑造时,研究者必须充分重视其中出现的多元行动者,其中一些行动者还会躲在幕后发挥作用。例如，通过对登山运动员和粉丝之间在社交媒体中的互动关系进行考察，Dunmont认为，赞助商的压力是必须被考虑在内的因素。相仿，本研究亦认为，理解主播对观众进行的关系劳动，也必须考虑这种关系发生的具体技术环境和行业环境。

第三种情况是，在C议题上，A和B形成了两条不同的研究路径。此时，研究者的综述就需要做一个抉择，要么是用A而不是B，并给出做出这种抉择的原因，要么是在A和B的基础上提出路径C。当然，后者的难度一般会更大，如果C路径的合理性得到了充分论证，论文做出的贡献也会相对更大。陈玉洁和孙萍在论文《从弹性劳动到"粘性劳动"：一项中国外卖平台经济的追踪性研究》（Sun, Chen, & Rani, 2023）中，便在文献之间建立了这种关系：

基于既有研究，有两条相关的研究线索被用于考察平台经济中的灵活性。第一条线索认为，平台公司走的是一条精致的法律路线，它们允许骑手获得劳动时间和地点的灵活性，进而规避他们作为雇主的责任（Shapiro, 2018）。在零工经济中，临时工作的复苏导致了一场围绕平台工人就业分类的法律战争（Cherry, 2015; Prassl, 2018）。研究者（Fiori, 2017; Rosenblat & Stark, 2016）指出，平台将这种依靠应用程序的就业视为一种赋权的话语，却同时为工人创造了新的异化、剥削和不稳定模式。另一些人则认为，如今平台劳动力的崛起与长期存在的对低收入服务工人的性别化、种族化和阶级剥削密不可分（Van Doorn, 2017）。这一视角强调，平台经济中的弹性工作往往会迫使更多工人进入高度流动和不稳定的环境，而这最终符合平台公司的利益（Aloisi, 2015）。

　　第二条线索从工人的角度出发考察灵活性。这揭示了工作条件和经验的复杂情况。一些研究者认为,灵活性严重降低了工人的社会保障(De Stefano, 2015);其他研究者则表示,空间和时间的灵活性是平台最吸引员工的原因之一(Berg et al., 2018)。Chen 和 Sheldon(2016)发现,优步司机会考虑收入方面的因素,并能够灵活地在峰时价格期间延长他们的工作时间。相仿,Peticca-Harris 等人(2018)发现优步司机使用灵活的调度来最大限度地降低风险。其他研究表明,时间灵活性的实现往往受到结构性因素的制约。这些结构性因素不受工人个人的控制,例如工作的可及性(Lehdonvirta, 2018)和工人有限的集体谈判权(Wood, 2016)。

　　当然,以上三种情况只是通过逻辑推演,呈现的三种最常见的文献之间的关系。你完全可以尝试在阅读的过程中建立更加复杂的关系图景。最重要的是请一定要记住,你的目的并不仅仅是建立一个个的"点",而是要在文献之间嫁接起一条条"线"。

　　如何建立联系?

　　我非常明白,对于初学者,在文献之间建立联系是一个比较漫长和痛苦的过程。此处,我介绍两条比较接地气的策略,来帮你更准确和高效地完成这件事。一个比较传统的策略是阅读某个研究议题的综述性文章。这些文章有可能以综述论文的形式发表在学术期刊上。举个例子,我对知识沟假说(Knowledge Gap)的研究脉络感兴趣,便可以在 Google Scholar 上搜索"knowledge gap review",按照时间排序,得出以下相关的搜索结果(搜索时间2023年12月9日):

Gaziano, C. (1983). The knowledge gap: An analytical review of media effects. *Communication Research*, 10(4), 447-486.

Viswanath, K., & Finnegan Jr, J. R. (1996). The knowledge gap hypothesis: Twenty-five years later. *Annals of the International Communication Association*, 19(1), 187-228.

Hwang, Y., & Jeong, S. H. (2009). Revisiting the knowledge gap hypothesis: A meta-analysis of thirty‐five years of research. *Journalism & Mass Communication Quarterly*, 86(3), 513-532.

Gaziano, C. (2017). Knowledge gap: History and development. In P. Rossler, C. A. Hoffner, & L. van Zoonen (Eds.), *The Wiley Blackwell-ICA international encyclopedias of communication*. The international encyclopedia of media effects (pp. 1-12). Chichester, West Sussex, Malden, MA: John Wiley & Sons, Inc.

Lind, F., & Boomgaarden, H. G. (2019). What we do and don't know: A meta-analysis of the knowledge gap hypothesis. *Annals of the International Communication Association*, 43(3), 210-224.

　　这些论文都是对知识沟假说的回顾（我一般是从最新的开始看）。需要指出的是，其中塞西莉·加齐亚诺（Cecilie Gaziano）在2017年发表的综述文章并不是发表在学术期刊上的，而是以一本媒介效果百科全书的章节出现。这也给了我们另一个提醒：在很多研究领域都有类似的工具书，这些书籍可以帮助我们了解自己关心的领域。例如我自己研究的领域大致可以被分类到社交媒体，2018年SAGE出版了一本《SAGE社交媒体手册》（*The SAGE Handbook of Social Media*）。SAGE是全球著名的学术出版机构，三位编者简·伯格斯（Jean Burgess）、艾莉丝·马维克（Alice Marwick）和托马斯·珀尔（Thomas Poell）都是本领域的领军学者，这本手册包含的议题非常广泛，对我的帮助很大。又如，我对可供性（affordances）这个概念很感兴趣，但不知道从何读起，其中由泰纳·布切尔（Taina Bucher）和安妮·海尔蒙德（Anne Helmond）合作撰写的《社交媒体平台的可供性》一文，梳理了这个词从生态心理学被引入到社交媒体研究的整个过程，还提出了自己对未来相关研究的设想。仅仅是这一篇文章，就为我勾勒出了可供性这个议题的大致面貌。

相对比较新的方式是运用 AI。近年来，AI 技术被广泛应用于学术生产领域。虽然对于如何在学术论文写作中使用 AIGC 这一话题有很多伦理争议，但是用 AI 工具帮我们描绘某个研究议题，是相对接受度高、结果靠得住的一个方式。这方面的网站很多，不论是大名鼎鼎的 ChatGPT，还是后来开发出的、专门针对学术写作的 connected papers、elicit、scite 等，都可以让寻找文献、在文献中建立关系的工作事半功倍。例如，我想要知道使用短视频 APP 和晚睡之间是否存在关系，研究者又如何探索这种关系，便可以在 elicit 上提问：

Explore the scientific literature

🔖 Find papers　　⬆ Extract data from PDFs　　❇ List of concepts

what is the relationship between TikTok use and late sleep?

→

几秒钟的等待后，elicit 便回复我：

Summary of top **4 papers** ⌄ 　　　　　　　　　　　 Copy

TikTok use has been linked to late sleep through various pathways. Zhang (2022) found that physical activity can improve sleep quality among TikTok users, potentially reducing bedtime delays. However, Wang (2021) highlighted the negative impact of automatic TikTok use on pre-sleep cognitive arousal, leading to increased daytime fatigue. Bartel (2017) and Mei (2018) both discussed the broader relationship between technology use and sleep, with Bartel emphasizing the potential for technology to disrupt sleep and circadian rhythms, and Mei specifically identifying excessive technology use as a risk factor for sleep problems in adolescents. These studies collectively suggest that while TikTok use may have some benefits for sleep, it can also contribute to late sleep through automatic use and excessive screen time.

　　仔细看看这些推荐的论文，elicit 不仅给我推荐了两篇高度相关的研究论文，还把我的问题从"短视频使用和晚睡的关系"，扩展为"技术使用与睡眠"的关系，推荐了另外两篇论文，这些论文对我来讲都非常有用。以上仅仅是 elicit 为我智能生成的一个段落。除此之外，elicit 还在下面列举了更多相关文献，以及用一句话归纳了这些文献的主要发现。

Paper	Abstract summary
Using Structural Equation Modeling to Examine Pathways between Physical Activity and Sleep Quality among Chinese TikTok Users Xing Zhang +3 International Journal of Environmental Research and Public Health 2022 9 citations PDF ↗ DOI ⧉	Physical activity can benefit the sleep health of TikTok users by reducing bedtime delays for TikTok.
Dance the Night Away: How Automatic TikTok Use Creates Pre-Sleep Cognitive Arousal and Daytime Fatigue Kexin Wang +1 Mobile Media & Communication 2021 6 citations DOI ⧉	Automatic TikTok use was associated with increased daytime fatigue that was mediated by higher levels of cognitive arousal before sleep.
New Directions in the Link Between Technology Use and Sleep in Young People Kate Bartel +1 2017 22 citations DOI ⧉	The majority of studies performed have been correlational nature, making causal inferences difficult.

　　在我的使用经验中，虽然并不是每次检索都可以获得令我满意的结果，但不得不承认，它的确使我的论文检索效率提升了不少。这本讲义不对这些工具进行非常详细的介绍，一个原因是，你完全可以通过网络搜索获得非常详细的教程；另一个原因是，这些工具的发展速度非常快，往往几个月的时间就会更新换代，我的介绍也注定是临时性的。不论如何，我都建议各位花一些时间去网上找一些相关教程，去学学这些工具，其实难度并不大，但对研究工作带

来的改变，却可能是革命性的。

● 怎么读文献？怎么做笔记？

　　找到了论文，下一步要做的事情，就是阅读这些论文。很多学生都会问我该如何阅读论文，但我的第一反应却往往是：你阅读论文的目的是什么？原因很简单，不同的目的有不同的读法。

　　如果你的目的是扩大自己的知识视野，进行通识型阅读，那么，把一篇论文的标题、摘要读完，往往就可以达到这个目的（如果摘要不够清楚，你可能还需要看一下研究发现部分）。当然，你也可以使用我在上面为你介绍的 AI 工具。例如，你可以把论文的 PDF 版本上传到 ChatGPT 中，命令它帮你生成一个缩写版本。

　　不过，如果你要阅读的是一篇和你的研究高度相关的论文，这时就回到了领域型阅读或项目型阅读。在这两种情况下，恐怕我们还是更多靠自己，阅读也要更仔细一些，拎出其中最重要的线索和结论，并且给出你对这篇论文的批判性反馈（很有可能你需要读两三遍）。当然，如果你的目的是通过阅读一篇论文学习写作技巧，那么你的阅读速度恐怕会更慢，可能需要一句一句反复分析作者的思路，就像我们这本书中对很多文本的细读一样。

　　多说一句，我看到很多社交媒体的视频创作者教大家如何十分钟读完一篇论文，甚至如何一晚上读完几十篇论文。其实有了 AI 工具，这根本不是什么难事。但我特别想强调的是，"读完"这个词有很大的迷惑性。在知识水平和阅读能力一定的前提下，用的时间越少，对论文的理解就越浅，这是一个基本的定律。再说得抽象一些，在这样一个加速社会中，我们对于速度的追逐几乎是本能性的。我们崇拜那些快速完成一件事情的人，想要知道如何变得和他们一样快。不过，这就和开车一样，开得快固然过瘾，但你想尽早到达目的地，更重要的还是学会调整自己的车速，什么情况下快一些、什么情况下慢一些。不断加速的驾驶只会造成车祸，一味追求速度的阅读也只会让你产生获得知识的幻觉。

如何积极阅读？

在很多人教你如何快速阅读时，我更想在这里和你介绍一些"慢读"的原则，或者说是"积极"阅读的原则。积极阅读是一种联系性的阅读，也是一种反馈性的阅读。在这本书中，我为你列举了大量研究论文的片段，并通过分析这些论文片段，总结出一系列的写作技巧。这些段落就是我在平时阅读文献时"积极"总结出来的。

还有一种积极阅读经常被提及，就是批判性阅读。我猜你在读书时一定有老师这样要求你，不过同时，我猜你也曾迷茫过：怎样的阅读才叫批判性阅读呢？必须承认，批判性阅读是有门槛的，它并不仅仅依靠我们的勇气，还需要我们本身的知识积累作保障。这就好比很多解说员在评述中国男足时经常感慨说："我们的队员面对对手要敢于做动作啊。"但问题在于，到底是他们不敢做动作，还是没动作可做呢？同理，当我们想要批判一篇论文时，我们可曾积累了一些基础性的知识，可以站在一个大致对等的知识语境下与作者对话？如果你在一个领域中还是初学者，那么你还够不着担心你自己的阅读不够批判性。就像一块海绵，你首先要吸收一定量的水，才可以反过来向外挤出水。

所以有些时候，我们感觉批判无从下手，往往是因为读都没读懂。文科与理科有一个很明显的差别。如果你学习数学，一定会从高数第一册开始学，学完了再学高数第二册。但文科的学习者（尤其是初学者）似乎没有一个从易到难的概念，仿佛纸上写的每个汉字/英文单词我都认识，就没有道理读不懂。事情并不是这样的。不管哪一个具体的研究领域，论文和书籍都有客观的难易之分。这就如同有学生和我说，自己购买了刘海龙老师的《重访灰色地带》，但是看不懂。这很正常嘛，你连访都没访过，就开始重访，怎么可能看得懂呢？我的建议是，如果你读不懂，那就说明你和这篇论文、这本书的缘分还未到，不如暂时放在一边，修炼自己，假以时日，再度相遇。多说一句，如果你看的是一本英文著作的中译本，你发现不仅你看不懂，很多周围的人都看不懂，那就还有一种可能，就是翻译得太差了，其实译者都不一定看懂了。这种情况如今非常普遍，我的建议是去寻找英文原著，至少对照着看。

当你在一个领域中建立起基础的知识体系后，就可以开始追求更主动的批判性阅读了。那么问题来了，如何批判呢？其实这本书在分享论文的写作结构时，已经为你悄悄搭起了批判性阅读的结构。具体来讲，你至少可以关注一篇论文在以下六个方面是否得当：

● 它寻找的 GAP 是否有真实的贡献？

● 它的研究问题逻辑是否顺畅？与文献综述的关系是否紧密？

● 它的研究对象与它使用的理论/概念是否匹配？

● 它的方法是否恰当？

● 它的发现是否充分回答了它的研究问题？

● 它在讨论中标榜的重要性是否名副其实？

除此之外，当你觉得自己还没有足够能力对一篇论文提出恰当的批评时，寻找其他作者对于它的批判性分析，可能是一个很有趣的方式（没有一篇重要的论文是孤岛！），我们还可以从中"偷师"一些批判的技巧。有一些论文干脆标题上就摊牌了，我要批判另外一篇论文。在中文研究界，这种论文的标题中常常带有"商榷"二字，英文则有时候叫做"comments on"。不过，这种论文终究是少数，如果我们想要寻找到其他作者的批评，还是要回到细读文本中，也就是刚刚我们讲过的"在文献之间建立联系"，因为大部分批判性分析都藏在了论文的文献综述部分。

最后，积极阅读还意味着"读出自己"。一千个人眼中有一千个哈姆雷特。一篇论文带给不同读者的启发，也不可能完全一样。即便是同一位读者，当他处于不同的生命阶段，拥有不同的知识积累时，阅读同一篇论文也会有不同的感触。因此，在阅读论文时，请一定忠于自己的内心，记录下那些激发你灵感的段落或句子、你对论文的疑问（即便这个疑问是稚嫩的），以及你从这篇论文中收获的最真实的感受。多说一句，很多同学的确按照这个原则去做了，比如他们会在一篇论文中令他们感觉惊艳的句子底下划线。但问题在于，他们只划线，不做任何标注。请相信我，不用多少时间，一个礼拜足矣，他们再次翻阅这篇论文时，八成会忘记自己当时为什么划这条线了——毕竟，好记性不如烂笔头。不过，如果我们在划线的同时，在旁边简单标注一下自己当时的感受，哪怕就几个字。之后我们再次阅读这段话时，也会很容易想起来自己为什么划线。这种与曾经的自己进行对话的感受，是非常有趣和有益的。

如何做笔记?

　　说到这里,其实我们已经从"如何阅读一篇论文",迈入了"如何在读论文时做笔记"这个问题。每个人做笔记的习惯不同,我也不认为会有一个方法可以完全适用于所有人。比如有的同学喜欢在论文的PDF上直接做标注,也有的同学喜欢把论文上面的精彩的句子摘抄到word上进行保存。我个人比较倾向于将这两种方式结合起来,就是一边阅读一边在PDF上进行简单的标注,阅读完再誊写到word文档上留存。这样做主要是为了尽量不打断自己的阅读过程。

　　我刚才提醒你:千万不要只在重要的句子底下划线,一定要在划线的句子旁边简单写几个字。这个提醒其实还有一个意思,就是尽量不要在阅读时停下来,在PDF上长篇大论,因为这可能会打断你阅读的思考惯性。为此,我为自己设计了一些符号:例如用B来代表背景(background)、T来代表理论(theory)、GAP来代表理论突破点、Q来代表研究问题(question)、S代表重要性(significance)、O代表论文框架(outline)。同时,我也会在论文中画一些圈、一些三角、一些连线,来代表重要的人物、转折、连接等。这些符号或许仅仅对我自己是有意义的,换个人就看不懂了。但这并不重要,重要的是,你可以逐渐形成一些标注论文PDF的技巧,帮助你阅读得更加顺畅、有效。下面就是我在阅读论文时做的一些笔记,供你参考,但我更鼓励你逐渐形成属于你自己的、让你感觉更舒适的"阅读密码"系统。

Introduction

Since Granovetter published his well-known work on the strength of weak ties in 1973, a long list of studies has placed their attention on social ties. These studies made a wide range of attempts to extend the social ties theory: some examine the different functions of strong ties and weak ties (e.g., Bian, 1997; Small, 2017), some investigate different measurements of tie strength and their accuracy (e.g., Jack, 2005; Marsden & Campbell, 1984), and others explore other types of social ties in addition to strong and weak ties, such as digital ties (Haythornthwaite, 2002). Since the 1990s, scholars from media studies and communication sciences have joined the discussion on social ties, focusing mainly on the impact of new information and communication technologies (ICTs) on peoples' social ties and social networks. Notable among them, Haythornthwaite (2005) examined the difference between strong, weak, and latent ties concerning their distinctive means of communication.

Conventionally, the differences between strong and weak ties have been assessed through quantitative methods. Thus, these studies have extended social ties theory by developing quantifiable measurements of tie strength (for example, Marsden & Campbell, 1984) or quantifiable summaries of the communication channels associated with different ties (Haythornthwaite, 2005). However, questions like how an individual mentally perceives of and practically relies on different social ties cannot be easily quantified. Also, we cannot tell from such studies *how* people communicate, in concrete detail, with different social ties in different ways. The subtle considerations behind these communicative practices are difficult to study through survey questions. In order to fill this gap, this article, relying on a qualitative approach, aims to investigate the following question:

How do people manage their engagement with strong, weak, and latent ties through communication, and how do people assess appropriate communicative practices for particular social ties?

This article makes several empirical and theoretical contributions. The article extends social ties research in the following three respects: First, it sheds light on how different communicative practices relate to the nature of the social ties in question; more specifically, the study elaborates on how people consider different characteristics and functions of strong, weak, and latent ties while forming differential strategies to communicate with them via WeChat. Second, the article points out that social ties theory is culturally dependent. It sheds light on how the (originally) Western concept of social ties is rationalized in the cultural context of China and how the principle of reciprocity is emphasized due to guanxi culture. Last but not least, through exploring how people coordinate via messaging and share via posting through WeChat, the article enhances our knowledge of micro-coordination (Ling & Yttri, 2002) and imagined audiences (Litt & Hargittai, 2016), as well as unfolds further implications on the commercialization of distant relations, such as weak and latent ties.

The article first gives an overview of researches on social ties and networks, an introduction of guanxi culture in China, and an outline of WeChat, a key social media platform in China. The second part of the article explains the research design of the

在论文 PDF 上进行标注往往更加快速，但不够详尽和充分。因此，我习惯在阅读完一篇论文之后，把标注的重点内容摘抄进 word 文档里，再进行一些总结、扩展和反思。如果你也想做这件事，一定要记得首先记录下完整的文献来源。我自己的习惯是在笔记最开始的位置用 APA 格式列出这篇文献。这件事看起来很简单，但有时候我懒得做，结果真正用到这篇论文时，还得回过头来补，这样做的时间成本非常高。还有一些情况下，我自己也忘记了要引用的这句话出自哪篇文献，不得不花很长时间去找。所以，如果你摘录了一篇文章或一本书的某个段落，也请一定标明页码。你引用的时候方便，回头找来重读，也会省下不少重新搜索的时间。

具体做哪些笔记呢？在这里，我想借用"康奈尔笔记法"的一些思路，和你说说做笔记的关键原则。如果你有兴趣，也可以在网上搜一搜这个笔记法。请注意，它的价值在于它所提供的笔记思路，而不在于它具体的格式，更不在于那些基于康奈尔笔记法生产的APP或纸质笔记本。千万不要迷恋这些衍生工具，切记，差生文具多。

我在做笔记的时候有三个原则。第一是摘录，也就是将我在论文PDF划线的文字摘录进word文档。这时候我的摘录会更有选择性，并不是所有我划线的内容都会摘录进去。要知道做笔记最大的忌讳是全盘照搬，我也看到过个别学生在PDF上划线时，几乎每句话底下都用不同颜色的笔划了线。我特别想告诉他："你是在读论文，不是在玩填色书。真没必要。"那么，选择哪些内容摘录呢？我认为主要摘录的应是"框架性语句"。例如文献综述中主要摘录的是GAP、研究发现中摘录的主要是核心论点、讨论中摘录的主要是核心贡献。一个重要提醒是，在摘录时一定要给原文加上双引号，因为时间一长，我们根本就分不清笔记中哪句话是作者写的，哪句话是我们自己写的。如果我们在论文写作中使用这些文字，就特别容易导致无意的抄袭。

第二个原则是概述。概述的作用是简化，让你在复习这篇论文或者回溯这篇论文的重点内容时节省时间。一些时候，你摘录的一段文字可能比较长，甚至还有一些啰嗦，你希望在笔记中把这段文字精简地记录下来，以备之后回溯；另一些时候，你摘录的一些段落可以被打包总结，例如你记录了文献综述中提到的一些关键文献，然后在旁边可以注明"论文的理论基础"。做概述的时候可以达到何种程度的浓缩，的确在很大程度上取决于我们自己的知识和逻辑水平，这件事情不需要、也不可能一步到位，尤其是对初学者，不用想着一下子就做得非常好，重要的是一直坚持做下去。另外也请注意，概述的内容仍然不是你原创的，在使用这些内容的时候，还是需要警惕避免抄袭。

第三个原则是评价，也就是你从这篇论文中获得了什么。你不可能读一遍就获得了各个角度的启发：人家作者写作和发表这篇论文花了两年时间，你半个小时就完全掌握了里面的所有信息，这也不公平吧！因此，我们的评价一定是基于你自己非常个人化的阅读体会。这并不是应该让我们感到遗憾的地方，恰恰相反，对于一篇好论文而言，这正是我们在不同时间反复阅读它的理由。一般来讲，我会在笔记的评价部分侧重于写四件事：这篇论文最精彩的、最值得我学习的地方是什么？这篇论文最大的局限性在哪里？以这篇论文为基础，我可以做一个什么研究（必须承认，不一定真的会做，大多数时候都只是想想而已）？以及对于我自己正在进行或计划进行的研究，这篇论文可能会起到什么作用？

积极阅读的关键原则可以用十二个字来总结：读出论点、读出逻辑、读出自己。相应地，在我们做笔记的时候，也需要进行摘抄、概述和评价，不能偷工减料。至于你用什么工具进行阅读和整理，其实并不重要。常见的学术阅读工具包括 marginnote endnote、the paper 等，常见的笔记工具包括 evernote、onenote 等，常见的协作工具包括 Ulysses、Scrivener 等。不过我觉得这些工具起到的仅仅是辅助性作用，有时候还能带来一点仪式感。但我自己使用最多的还是苹果电脑自带的预览功能，以及 WPS。我觉得这些工具对我来讲已经足够了。在没有看到明显的效率提升潜力之前，我更愿意把时间花在读论文上，而不是学习和适应这些工具上。

如何整理文献？

记完笔记之后，自然会有下一个问题出现：我要把笔记放在哪里？这就涉及到文献的整理和收集工作了。为什么要整理文献？我认为有两个需求：其一是在论文之间建立连接，道理很简单，因为没有任何一份文献综述只涉及一篇论文，你需要不断地将不同论文打包、对比，也就是刚刚讲到的"在论文之间建立联系"。其二是绝大部分人都不会读一遍就能永远记住论文的主要观点，很多时候读论文是需要"复习"的，虽然这部分工作会被很多人忽略（大概是因为复习不产生"我又读了一篇！"的快感吧）。

为了实现文献的连接和复习，整理工作就显得非常重要了。某种程度上，与知识打交道和与人打交道有很多类似之处。一般而言，我们和一个人"打过多次照面"，才有可能和他发展成靠得住的"关系"，在不同人之间建立连接，才能形成我们的关系网。同样道理，只有经过不断的记录和整理，知识才有可能在我们脑海中"随叫随到"，不至于忘得一干二净；只有在知识之间不断游荡、寻找连接，知识才能在我们的心中形成一张网，被我们提取和应用。

那么，如何整理文献呢？很多人可能首先想到的是各类软件，比如 Zotero、EndNote、Mendeley、notion 等。在成为论文"熟手"的路上，你总会与它们在某个时刻相遇——也许你已经彻底"驯化"了某一款软件，也许你还挣扎在一片 bug 的海洋中（"一直打不开！"

"安装了插件总报错！"）。不用太过担心这件事，因为包括我在内，所有人都会遇到类似的问题，好在网络上相关的资源特别充足，我也不必在这里为你一一解答。我更想提醒的一点是，文献整理并不等于使用软件，我们也不用把时间浪费在挑选软件上。（到底是Zotero 好呢，还是 EndNote 好呢？）相比之下，这些软件背后的"数据化"的思维方式，才是我们应该关注和探讨的话题。因此，我想在这里和你聊聊使用文献管理工具应该秉持哪些"基本目标"，以及我们如何选择适合自己的文献管理策略。

在我个人看来，文献整理追求的是秩序和灵活的平衡。一方面，我们将相关的文献根据论文项目需求做分类、打标签，为论文写作提供唾手可得的原材料。另一方面，这种整理又不能过于死板，以至于成为一种形式主义，花费我们太多的时间。当然，这个建议是非常个人化的，可能与我自己的性格也有关系，比较粗线条。我也认识一些特别完美主义的人，他们的文献读得越多，就越有失控感，越要玩命整理。这肯定不适合我。相反，容忍一定程度的杂乱，才能让我更长久和有效地进行文献整理——"大体还算有序"就已经让我很满足了。当然，这仅仅是我自己的偏好，不一定适用于所有人，也不一定哪种状态就更好。

但不论你是什么性格，整理文献有以下几个基础目标，我认为大体是相通的：

第一是搜索。

不管是读论文还是写论文，都是一个长期的过程。这也意味着，在写作过程中，你想要引用的部分文献是很久之前看到的。甚至有时候论文的标题、内容都已经模糊了，只有一个大致的梗概还牢牢坚守在你的脑袋里。这时候，你就需要用到搜索功能，让"死去的记忆"再度复活。在这一点上，数字化的整理方式有着明显的优势。例如，Zotero可以整合搜索笔记和论文原文，检索内容的准确性也比较高（其实，Excel、PDF浏览器这样的普通办公软件也能达到类似的效果）。有个经验值得一提，为了给搜索提供方便，我们可以有意识地为论文打上一些"标签"。例如，如果你同时有几个研究项目在推进，那么给一篇读过的论文标上"A项目可用××理论"可能是个好主意。与之类似的还有"方法可用""表述可用"等。这种标签不拘泥格式，你尽可以发明出最适合自己的与文献沟通的"语言体系"。

第二是定位。

此前，我们反复聊过一件事：读一篇论文时，要特别注意它的"来龙去脉"。在整理文献中，我们也可以通过一些技术操作来为文献定位提供方便。在读和写的循环中，这是一个常见的过程：我们从A论文的论述里发现了一个值得参考的理论概念，并且循着参考文献找到了关于这一理论的关键论文B。这时候，我们就可以将二者的关系加入到论文的标签里，例如为B论文标注"来自A论文"。这样一来，当我们之后再来重访这个概念的时候，就有了双重参照。这也是逐步建立知识网络的过程。有很多软件可以帮助我们完成这个操作。例如，Zotero设有添加"关联文献"的功能。当然，一些更简便的方法，例如将相关的论文放到同一个文件夹里，其实也有类似的效果。

第三是备份。

数字化文献整理的另一个重要好处在于内容可备份和可迁移。这一点很容易理解，但又总容易被忽视。曾经有同学开玩笑说，火警警报响起，他第一反应是抱起电脑。对于论文写作者来说，没有什么比千辛万苦写完的论文（尤其毕业论文）消失不见更令人抓狂了。然而不幸的是，这样的"小概率"事件还是会发生（我就曾将一杯咖啡倒在了电脑上）。为了避免崩溃，"备份"就显得十分重要。自己的草稿、笔记以及收集到的文献资料都需要"狡兔三窟"。另外，将文献备份到云端还可以方便跨平台的写作——只不过"没带电脑"就再也不能成为拒绝写作的借口啦。

第四是格式。

文献管理软件的另一个重要功能是整理参考文献格式。很多软件都有一键生成参考文献的设置，帮助作者减免"整理格式"的苦工。我曾经有一个不太好的习惯，就是将所有参考文献的格式都堆到最后"手动"处理。那简直是"渡劫"一样的经历。更好的方式可能是把整理的工作平摊到写作过程中，并且用工具辅助。不过目前，参考文献格式生成还不能实现完全的自动化，即便你使用了Zotero这样的软件，最后整理参考文献格式的时候，还是要做一些人工调整。如今各种期刊的格式要求可以说是五花八门，归根结底，还是得不断锻炼我们自己的耐心和细心。

以上是数字化文献整理中比较重要的目标。当然，文献管理软件支持的功能远不止这些。以Zotero为例，教程里经常出现的插件功能包括"自动提取文献""生成思维导图""记录阅读进度"等，这些功能都值得探索，但也不必因为用得不好而焦虑。说到底，文献整理是为了满足你自己的习惯和需求。必须承认，我自己是一个很少摸索高级功能的"守旧派"。因为我发现，教程里轻而易举的操作到了我这里，可能折腾一个小时也学不会。这时候，我可能会重新衡量使用这个功能的投入和产出（我会在内心一直重复"差生文具多"这句话，可能是一种自我安慰吧）。当这些工具制造的困扰比带来的帮助还多的时候，我会倾向于选择一种精简的方式来管理自己阅读过的文献，至少目前效果还不错。

● 从读到写：你会面临什么？

终于写到了这本讲义的最后一小节。对于写论文的具体技巧，我们已经交代完毕。最后一点篇幅，我想和你谈谈如何实现"从读到写"的"痛苦一跃"。此前，我试图向你说明，论文写作可以是一件有规律可循的事情。不过必须承认，如果说前面的讲义涉及的论文写作环节还有一定乐趣可言的话，那么接下来，等我们真的开始写作时，恐怕会面临更多的切切实实的麻烦。毕竟有一句话是这样说的："听过很多道理，但仍过不好这一生"。在真正开始写论文时，你一部分麻烦依然会和写作本身有关，这需要你不断精进练习，再多的论文写作指南也不能替代写作本身；但另一部分麻烦（甚至是更大的麻烦）则和心态有关。我想用最后一点篇幅，给即将开始论文写作的你做一些心理按摩。

论文写作的确是一件很困难的事情。如果你因为写作（或者无法开始写作）而焦虑、暴躁或者自我怀疑，请相信我，这是很正常的情绪，你并不是在"小题大做"。我们恐怕都有类似的经验：感觉自己的脑子里随时随地都有无数想法，而一旦想要将它们落在笔头，又觉得头脑空空，笔下艰涩无比。相比于肚子思考（神游）和与朋友聊天，写作对于思维的条理和准确性的要求一定更为严格，无论老手还是菜鸟，也都会面临写作的挑战。如果你关注了一些老师的社交媒体个人账号，可能也会经常看到他们写作过程中"绝望的呼号"。换句话说，"写作困难户"的称号，可以说是人人有份。所以我希望通过呈现论文写作不那么"光鲜"的后台，帮助你迈出第一步：如果在论文写作中产生了坏情绪，就去接纳它。

不过，接纳坏情绪并不等于自我放弃。我的意思是，如果你因为写不出来心情焦躁，就去吃顿好的，或者干脆睡一觉，但吃完了、睡醒了，还是要回到书桌前继续耕作。美国作家斯蒂芬·金在《写作这回事》中做了一个影响我很深的，但同时也有点倒胃口的比喻：有时候写作就像是坐在地上铲屎。感觉自己力不从心，屎无穷无尽，这得什么时候才算个头呢？但只要我们坚持一点一点地铲，铲到最后，用一盆水往地上一泼——嘿，竟然干得还不错！优秀的写作的确是一点点熬出来的。另一位美国作家欧内斯特·海明威也有一个类似倒胃口的比喻：一切初稿都是臭狗屎。这句话的意思是，好文章一定是改出来的，不是写出来的。但如果你想进入修改环节，首先得写出来。

在感到焦虑的时候，你不妨读读以上两个比喻。其实在写作的过程中，很多困难都来自我们内心的纠结和挣扎。我想在这里和你分享三种写作中经常出现的"内心戏"，也想告诉你，这些"似是而非的障碍"其实就是我们的写作心病。虽然我不能"药到病除"，但还是有可能做到"偶尔治愈、常常帮助、总是安慰"的。

第一个伪困难：我还不够好，不愿写

在前面的讲义里，我们反复强调阅读输入的重要性。道理其实很简单，说白了就一句话：读书破万卷，才能下笔如有神。如果将写论文比作烹饪，那么阅读就像采购食材一样重要。不过，还有另一个很简单的道理：买回来了西红柿和鸡蛋，但你不放进锅里炒，也不能称其为一道菜。如同烹饪一样，写作是一门手艺。炒菜可能会糊锅，写作也可能"拉胯"。因此，很多学生（包括曾经的我）避免拉胯的办法，就是拒绝开始写作。这个逻辑非常自洽，我不写，你就不能批评我写得差。逃避在这里可不可耻放在一边，但的确是无用的。考虑到在我们的求学阶段，很多课程论文都自带 deadline，"不愿写"可能更是一个伪困难了。

在学术界，"冒充者综合征"（impostor syndrome）可能是一个非常常见的心理状态。在巨量的知识面前，我们很容易觉得自己很渺小。如果周围再有一些优秀的同学、同事，他们不仅努力，还天赋异禀，每月都能生产出看似"完美"的论文。这难免让我们生发出"技不如人"的感叹。面对这种自我拷问，我相信很多人还是会选择慢慢积累，期待可以厚积薄发。重视积累肯定没有问题，不过如果你的积累只是不断阅读，那么，在这个知识爆炸的年代，很多时候我们只会越读越觉得自己渺小，越感到自己不知道的知识实在是太多了。在这个时代，"书读完了"是一种值得追求的智识境界，但却不是一个实际的目标。

除此之外，我们需要明白，阅读和写作并非截然二分的步骤，而是处于一个持续的回环中。我们的阅读也需要通过写作分辨其逻辑、实现其价值；我们的写作需要通过阅读支撑，并且，你在写作的过程中，才能发现阅读的新方向。在我刚刚入职大学教书时，我经常觉得"别人写得已经很好了，不需要我再写了"，甚至在获得教职的前几年，我几乎一篇论文也没有写过（此处感谢领导的耐心）。但后来我渐渐明白，这并不是出于我的谦虚，而是出于我的怯弱。但也请相信我，只要你克服这种怯弱，开始写作，进入一个正向的循环，很快你就会建立足够的信心，去对话，甚至去超越。

　　第二个伪困难：时间太少了，不够写

　　必须承认，一篇论文的诞生，需要投入相当多的时间——从想到一个点子，到数据收集，再到形成初稿。我完全理解，如果你把这些工作罗列在日程表上，难免心生恐惧。尤其是考虑到我们的生活本就十分忙碌，每天都被各种杂事缠身。最后到头来，我们的写作都只好在见缝插针的碎片化时间中进行。但问题又来了，我们在处理碎片化时间的时候，又经常会想，这么点时间也干不了什么，不如刷刷手机吧。最后，在"明日复明日"地寻找整块时间的期望（以及逃避）中，论文的截止日期迫近了。

　　美国心理学家保罗·席尔瓦（Paul Silvia）提过一个想法：我们总在说"找"时间写论文，但"找"这个动词似乎是有问题的，因为写论文的时间可没有和你"躲猫猫"。举个例子，你会说自己要"找"时间上课吗？或者"找"时间赶飞机？这些都是"到点就要做"的事情。其实，写论文也应该这样。与其"找"时间，不如"分配"时间给论文写作。所以，我的建议是：如果你想培养（无痛）写作的习惯，无论上午下午，时间长短，是否焚香沐浴，都要将写作这件事安排进固定的日程中，雷打不动。这种重复性的"自动化"的写作习惯会给你带来一种安全感和成就感，还能减少种种精神内耗：不管是"不写"的愧疚，还是"狂写"的焦灼。

　　实际上，重要的并不是每天写很多，而是坚持一直写。这就和减肥一个道理：你可能心血来潮，直接出门跑了一个小时，这样做的结果往往是，你需要在床上躺一个礼拜。建立写作习惯并不需要你一上来就用力过猛，而是需要你第一天快走三十分钟，第二天重复做同样的事情。回到论文写作这件事上，如果你可以每天写300字，那么理想上讲，一年你就可以写超过十万字，不知不觉间，一篇博士论文都完成了。

第三个伪困难：今天没灵感，不能写

很多人有一个误区：论文写作是一个创意性工作，因此特别需要灵感。在我看来，这句话可能只说对了一半。的确，在论文写作的过程中，很多关键的新概念、新提法就是会突然降临到你的脑袋里，此时，你会很容易进入写作的"心流"状态，酣畅淋漓写上好几大段也不在话下。但另一方面，论文写作就像是一款手机上的跑酷游戏，灵感是加速器，但没有加速器的时候，你也不能停下来，一旦停下来，你就不可能撞见下一个灵感——灵感不是你等来的，而是你追到的。

"没灵感"常常会直接导致我们"再等等"，久而久之，也就为我们的拖延找到了绝好的理由。我曾经看到过这样一段话，非常到位地形容了拖延者的心路历程："我会把每份工作需要的时间等分为十份，前九份用来愉快地玩耍，当最后一份时间微笑到来的时候，我会再把这一份时间等分为十份，前九份用来忧心忡忡地玩耍，直到最后一份时间呼啸到来的时候，眼前咣当一黑。"如果你对这段话会心一笑，其实也不用对自己苛责太多，因为和你一样处境的人，随便一抓都有一大把（有研究显示，自我谅解能够缓解拖延带来的压力，进而有助于减少拖延的程度）。我当然可以为你推荐一些解决拖延症的书籍，但问题在于，拖延症的人真的会拖着不看。所以我觉得，解决拖延症的方法在于全方位地自我调适。你需要明确目标、需要不断提高自己的执行力，以及最重要的是，你的目标和执行力是否匹配。幸福感恰恰来自这种匹配——躺平可以幸福，内卷也可以幸福，焦虑实际上来自"想卷卷不动"和"想躺躺不平"。

退一步讲，当我们把学术研究当成是一个职业，论文写作就是我们的工作内容。因为学术研究的崇高性，我们往往会产生获得了某种特权的幻觉，这其实是非常滑稽的。在《会读才会写》这本书中，安大略理工大学犯罪学副教授菲利普·钟和顺做了一个有趣的类比：当你用没灵感给自己不想写作提供理由时，不如放眼看看其他职业的从业者的状态。一位清洁工人会突然对自己说，"今天我没灵感，就不打扫"了吗？不会。我们需要明白，写作首先是一项操作性任务，这一点与其他任何工作没有什么区别。因此，面对论文写作，我们需要一些平常心，相信日拱一卒、功不唐捐。

● 最后的话：开始写吧！

论文写作是一件系统性的工程，在最后一讲中，我为你在具体的写作策略之外，呈现了研究者的日课：去读、去写。如果说"读"需要更多的策略与谋划，那么"写"则需要更多的心态调整。实际上，对于解决任何写作的困扰来说，"开始做"都是一项最为重要的绝招。这里面包括开始读一篇论文，也包括开始写第一句话。

必须承认的是，一本学术写作讲义能为你做的事情，实际上有清晰的边界。我可以为你点一盏灯、指一条路，但我永远无法代替你去"走"这条路。在未来的路途中，希望这本讲义可以成为你手中一份粗略的地图，更希望你可以迈出第一步，并且在这份地图上填充属于你自己的路标，去充实这份地图，甚至去修改这份地图。因此，在这本讲义的最后，我希望可以和你达成一个简单的共识：合上这本书，去试试看。

最后，感谢你的阅读，也期待你的作品。

● 参考文献

白红义 & 施好音.(2022)."中间地带"的边界工作：基于创业媒体J播客的案例研究. *新闻记者*(12),16-29.

董晨宇 & 叶蓁.(2021).做主播：一项关系劳动的数码民族志. *国际新闻界*(12), 6-28.

胡翼青 & 王沐之.(2022). 作为媒介性的可见性：对可见性问题的本体论探讨. *新闻记者*(04), 8-19.

Abidin, C. (2016). Visibility labour: Engaging with Influencers' fashion brands and# OOTD advertorial campaigns on Instagram. *Media International Australia*, 161(1), 86-100.

Afifi, T. D. (2017). Making our research matter. *Communication Monographs*, 84(1), 1-4.

Bishop, S. (2019). Managing visibility on YouTube through algorithmic gossip. *New Media & Society*, 21(11-12), 2589-2606.

Bishop, S. (2020). Algorithmic experts: Selling algorithmic lore on YouTube. *Social Media+ Society*, 6(1).

Bucher, T. (2012). Want to be on the top? Algorithmic power and the threat of invisibility on Facebook. *New Media & Society*, 14(7), 1164-1180.

Bucher, T. (2017). The algorithmic imaginary: exploring the ordinary affects of Facebook algorithms. *Information, Communication & Society*, 20(1), 30-44.

Bucher, T. (2018). *If... then: Algorithmic power and politics*. Oxford University Press.

Dumont, G. (2017). "Relational labor, collaboration and professional rock climbing". In L. Hojrth, H. Horst, A. Galloway, & G. Bell (Eds.), *The Routledge Companion to Digital Ethnography* (pp. 121-131). London, UK: Routledge.

Duffy, B. E. (2016). The romance of work: Gender and aspirational labour in the digital culture industries. *International Journal of Cultural Studies*, 19 (4), 441-457.

Gran, A. B., Booth, P., & Bucher, T. (2021). To be or not to be algorithm aware: a question of a new digital divide?. *Information, Communication & Society*, 24(12), 1779-1796.

Koskela, H. (2004). Webcams, TV shows and mobile phones: Empowering exhibitionism. *Surveillance & Society*, 2(2/3), 199-215

Sun, P., Chen, Y., & Rani, U. (2023). From flexible labour to 'sticky labour': A tracking study of workers in the food-delivery platform economy of China. *Work, Employment and Society*, 37(2), 412-431.

Trottier, D (2012). Interpersonal surveillance on social media. *Canadian Journal of Communication*, 37, 319-332.

Marwick, A. E., & boyd, D. (2014). Networked privacy: How teenagers negotiate context in social media. *New Media & Society*, 16(7), 1051-1067.

写在后面的话

这本讲义源自重庆大学出版社林佳木老师的邀请。尤记得那是在2022年1月的某天傍晚，林老师打电话邀请我写一本论文写作指南。电话持续了半个多小时，我一直在推脱，无非是因为我并不觉得自己有能力来完成这项工作，害怕"误导"多于"指导"。然而，林老师一再强调听过我在线上做的讲座，赞美我讲得很好，相信我可以写一本同样好的讲义。必须承认，如果没有林老师的邀请和鼓励，这本讲义恐怕永远无法完成。

当然，即便是有了这些鼓励，我也拖拖拉拉写了将近两年时间，每一个章节都至少改了四五遍。这大概是我自己的性格使然。不过，在修改的过程中，我自己也在不断反思、推敲，并因此而成长，从这个角度讲，作为作者的我，恐怕是这本讲义最大的受益者。除此之外，我还需要感谢所有参与过我学术写作课程的同学们，他们的提问永远是我最珍贵的写作灵感。

虽然这本讲义源自一门我主讲的课程，但它最终的完成并不是我一个人的功劳。在写作过程中，我的两位学生许莹琪博士和丁依然博士贡献了许多自己的想法，也帮我寻找了不少优秀的研究案例。一直以来，她们都是我最信赖的合作者。我与小丁的合作可以追溯到2018年，当时她才刚刚开始攻读硕士学位；我与小许的合作则开始于2019年，当时她已经决定在中国人民大学攻读博士学位。五年来，我们一起完成了超过十五篇研究论文，也建立了深厚的友谊。我更愿意把她们视为朋友而非学生。我们三个人的微信群，也留下了很多美好的回忆，不论是交流工作，还是日常闲谈。

如果顺利，这本书出版时，大概可以赶上新一年的毕业季：春暖花开时，小丁通过了博士论文答辩，即将完成从"研究生"到"研究者"的角色转变。我一直想将这本讲义当作我们三人友谊的注脚；同时，我和小许也希望把这本讲义作为毕业礼物送给小丁，祝她在未来的生活中，继续保持自己的敏锐与自洽。

最后，回到这本讲义。我们的能力一定有限，拼尽全力去书写和修改，无非是为了在有限的能力范围内，做到诚心诚意、知无不言。我们期盼这本讲义可以给读者带来启发。当然，其中一定有不妥之处，文责在我，敬请斧正。

董晨宇

2024年1月1日

作者简介

● 董晨宇

中国人民大学新闻学院副教授，中国人民大学新闻与社会发展研究中心研究员，美国乔治梅森大学访问学者。研究方向为平台工作、数码民族志。在 *New Media & Society*、*Feminist Media Studies*、《国际新闻界》《新闻记者》等 SSCI、CSSCI 期刊发表论文十余篇，其中《做主播：一项关系劳动的数码民族志》获得第十届全国新闻传播学优秀论文。自 2021 年开始与丁依然、许莹琪合作，为《新闻记者》杂志撰写《西方传播学研究年度报告》。译著有《舆论的结晶》《剑桥美国简史》《交往在云端》《脸书故事》《平台与文化生产》等。

• 代表性论文：

董晨宇、段采薏：《反向自我呈现：分手者在社交媒体中的自我消除行为研究》，《新闻记者》，2020 年第 5 期。

董晨宇、丁依然、段采薏：《作为复媒体环境的社交媒体：中国留学生群体的平台分配与文化适应》，《国际新闻界》，2020 年第 7 期。

董晨宇、叶蓁：《做主播：一项关系劳动的数码民族志》，《国际新闻界》，2021 年第 12 期。

王怡霖、许莹琪、董晨宇：《操纵"美丽"：中国秀场直播平台中的美颜工具及其关系性使用》，《妇女研究论丛》，2023 年第 4 期。

Ye, Z.*, Dong, C., & Kavka, M. (2022). Navigating the economy of ambivalent intimacy: gender and relational labour in China's livestreaming industry. Feminist Media Studies.

Shu, K., Liu, H., & Dong, C.* (2023). Transcending "flexible time": Platform labor in the Chinese food delivery industry and its temporal politics. New Media & Society, 14614448231213624.

● 许莹琪

中国人民大学新闻学院博士研究生。研究方向为媒介社会学。

• 代表性论文:

许莹琪、董晨宇:《想象元宇宙:新兴技术的意义制造及其媒介逻
辑》,《新闻与写作》,2022 年第 11 期。

王怡霖、许莹琪、董晨宇:《操纵"美丽":中国秀场直播平台中的美颜
工具及其关系性使用》,《妇女研究论丛》,2023 年第 4 期。

安若辰、许莹琪:《缘分的媒介化:移动相亲中的选择实践与自主性
协商》,《现代传播(中国传媒大学学报)》,2023 年第 7 期。

董晨宇、陈芊卉、许莹琪:《做 UP 主:大学教师在社交媒体中的知识
传播与边界调适》,《新闻与写作》,2023 年第 10 期。

● 丁依然

中国人民大学新闻学院博士,北京师范大学新闻传播学院/计算
传播学研究中心讲师。研究方向为平台工作、社交媒体与监控。

• 代表性论文:

丁依然:《交往在门口:平台之"物"与城市空间的(反)社会化生产》,
《新闻记者》,2022 年第 11 期。

丁依然:《观看的正义? 社交媒体监控对可见性权力的重构》,《新闻
界》,2023 年第 5 期。

丁依然:《从"剥削"中突围:数字劳工研究的现状、问题和再陌生
化》,《新闻界》,2021 年第 5 期。

丁依然、董晨宇:《制造夫妻:中国形婚群体的剧班协作、达标表演与
身份失调》,《妇女研究论丛》,2021 年第 6 期。

董晨宇、丁依然、段采薏:《作为复媒体环境的社交媒体:中国留学生
群体的平台分配与文化适应》,《国际新闻界》,2020 年第 7 期。